文稿起草

新八问

覃道明 著

山东城市出版传媒集团·济南出版社

**图书在版编目（CIP）数据**

文稿起草新八问 / 覃道明著. --济南：济南出版
社, 2022.10（2023.4重印）
ISBN 978-7-5488-5250-6

Ⅰ. ①文… Ⅱ. ①覃… Ⅲ. ①公文–写作–问题解答
Ⅳ. ①H152.3-44

中国版本图书馆CIP数据核字（2022）第201530号

---

| | |
|---|---|
| 出 版 人 | 田俊林 |
| 责任编辑 | 秦　天　杜昀书 |
| 装帧设计 | 胡大伟 |
| 出版发行 | 济南出版社 |
| 地　　址 | 济南市市中区二环南路1号（250002） |
| 编辑电话 | （0531）86131746 |
| 发行电话 | （0531）67817923 |
| 印　　刷 | 济南龙玺印刷有限公司 |
| 版　　次 | 2022年11月第1版 |
| 印　　次 | 2023年4月第3次印刷 |
| 成品尺寸 | 170mm×240mm　16开 |
| 印　　张 | 15.5 |
| 字　　数 | 200千 |
| 定　　价 | 78.00元 |

（济南版图书，如有印装质量问题，请与印刷厂联系调换）

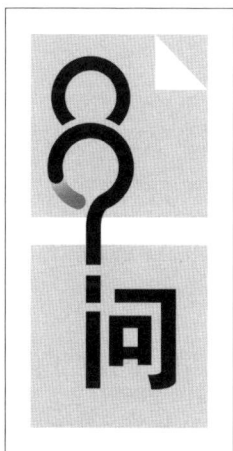

## 自 序

# 奔着问题去，
# 奔着解决问题去

当读者拿到这本书时，可能会有一个疑问想要弄明白，那就是书名中为什么有一个"新"字。行文之先，我有必要作一点说明：因为网上已经有了一篇名为《文稿起草八问》的文章。那是根据八年前笔者作的一次讲座整理的，被放到了网上，不经意间竟引起了不少人的关注，成了所谓的"网红文章"。本书名曰"新八问"，就是以示区别。

时光都是在不知不觉中流逝掉的。一晃，我在党政机关从事文稿写作工作已近三十年了。在长期的工作中，我发现机关里的熟练文稿写手，基本上是靠单位自己培养出来的。但凡是被作为文稿写手培养而招进单位的新人，就得先有人带着试一试，看看是不是可造之材。如果没有人传帮带，那就只能靠这些人自己摸索着做了。有的人进步比较快，在不长的时间里就成了单位文稿起草的行家里手；有的人进步慢一些，熬了若干年，也没在文稿写作上有多少长进，因此成长的进程就不是那么平顺。有那么一部分人甚至始终都处在不得其门而未能真正入行的状态。文稿起草是能力席位，即使是"多年的媳妇"，恐怕也不一定能"熬成婆"。每当这个时候，就很希望能找到一些帮助提高文稿写作水平的工具类书籍，让新手"得其门而入内"、少走点弯路，让老手能更得心应手、驾轻就熟。但寻找的结果总是很难满足期待的，这种书比较难觅，管用的更难找到。

现在进入公务员队伍的，不少人在参加公务员考试之前经历过不同形式的公文写作训练。这种经过培训考出来的人，也许是不错的"考手"，但要成为单位的文稿写手，中间还隔着若干条像长江、黄河这样的大江大河，差距可能远大于想象。

从内心讲，我有一个想法已经很久了，那就是以一个文稿写作人的身份，以自己的切身体会，为机关里的写稿人写一本专门的业务书，用个人的亲身经历，为他们提供一些帮助。但想法归想法，我一直都没有任何实际行动。之所以迟迟动不了笔，一则，实在是繁重的工作让我根本没有多少自己可支配的时间；二则，写这种书确实难度系数不小。业内人都知道，同行的评价是很无情的。因为知根知底，又不留情面，所以同行的认可更显公正、更令人服气。为同行写书，是很需要那么一点勇气的。说实话，若在以前，这点勇气我是缺乏的。而当下，我已经脱离了机关文稿写作工作岗位，转身投向大学校园，做起了教书育人的工作，不仅自己可支配的时间相对多了不少，而且已不再是文稿写手们的"同行"了，这就使得写这样一本书更加名正言顺了。

一个相当偶然的机会，我的那篇《文稿起草八问》成了"网红文章"，被网络反复炒作，据说复合点击量达千万次以上。这大大超出了我之前的认知。其实这不是一篇文章，是2014年我在一个内部培训中的授课内容，尽管经过了整理，但还远远算不上是成熟合格的文稿。我一直都觉得，把本来供系统内部培训用的讲稿放到网上去，是不应该的，反复炒作就更不合适了。出现这种状况，非我本人所为，也有违我的本意。

我也根本没有意料到，这么一个讲稿竟会引来如此众多的关注目光。好在这篇讲稿似乎也没有说什么"出格"的话，我也就听之任之了。

这件事给了我一个明确提示：现实中，确实有很多人想了解怎样才能把文稿写好。如何写好文稿，其实一直都是十分热门的话题。文稿写作人这个群体，对提高个人能力的需求是很旺盛的，对拥有一本有助于提高业务能力的专业书籍相当渴求。这类专业书不是一般的写作类书籍，不是去讲普通公文如何写的工具书。专门讲公文如何起草的书籍已经不少，但多数并不是文稿写手们所需要的。这也给了我写这本书不小的动力。

这是一个读者极其挑剔的时代，做到写作"对路"实为不易。我想，针对很多人关注的共性问题作一些分析探讨，给出有一定成熟度的方案，能为解决实际问题多少提供一点有益支持的书籍，可能是更被需要的。因此，问题导向来得更直观、更直接、更直白。本书就力图奔着问题去、奔着解决问题去，就机关文稿写作中聚焦度集中、关注热度比较高的问题进行梳理、概括，尽量提供一些有深度的有效分析，给出一些解决问题的有用思路和办法，让读者从中得到相应的启示而有所得。

本书再次使用了"八问"这种形式，用以归纳文稿起草中受到普遍关注的几个主要问题。对这样的选择，我希望读者不要仅仅看作是去蹭那篇所谓"网红文章"的流量，而更多地理解为笔者想要表明的一个态度：作为一个文稿写作者，对于被高频度提及的问题，一直在用心、用力、用情地探索和思考着。

所列问题都已经在书的正文里面了。我始终认为，这些问题，不应只是被视为文稿写作中的问题，实际上这也是领导工作、政府治理中的理论和实践问题。文稿是将领导工作中涉及和需要解决的重要问题，以文字的形式呈现出来。说到底，这就不完全是文稿起草的技术问题，而是中国共产党如何管党治党、政府如何高效行政、社会如何得到有效治理等根本性的问题。

文稿写作是服务领导工作的，"以文辅政"是其基本职责，这就使得文稿起草者必须对领导工作的视域所及、范围所达之处，都关注到、照应到。正因如此，文稿起草者才被戏称可能是"二班"的，也可能是"三班"的，或者是"其他班"的，反正不是"一班"的，就因为这个工作"一般人不愿干，一般人干不了，干的人不一般"。

为这个"不一般"的文稿写手群体写一本书，是我这个有着近三十年"写龄"的老写稿人的莫大荣幸。

是为序。

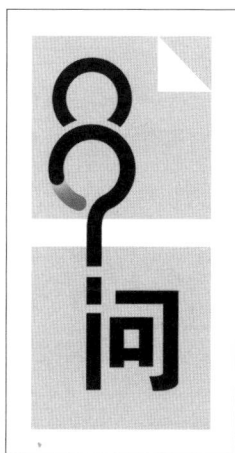

**88问**

# 目 录

**文稿起草新八问**

## 第四问　专题类文稿出彩最多，写手如何找准发力点？

**083**

## 第五问　特殊类文稿越来越吸引眼球，如何展现"圈粉"实力？

**121**

## 第六问　同一主题多人共讲，写手如何精准把握区分度？

**147**

**第七问** 文风问题绝不可等闲视之，改进文风可否试一试"十用大全"？

**第八问** 为领导服务与为人民服务如何高度统一？

**附录** 文稿起草八问

**后记** 文稿之谋

# 第一问

稀缺性决定价值，
好写手果真在升值？

任何行政机关、企事业单位，都需要配置一些具有一定专业水准而又比较敬业的文稿写作人员，专门具体负责各类文稿的起草和把关工作。这些人被通称为"写手"，或者叫"笔杆子"。有些文稿写作高手，因为水平高且贡献突出，甚至被尊称为"文胆"。在一定意义上讲，一个行政机关、企事业单位发布的文件，领导发表的讲话，以及公开的各种五花八门的文字材料，代表着领导决策的水平，体现着单位治理的效能，也展示着领导个人和单位的整体形象。这就使得文稿写作工作历来都备受关注、备受重视。因此，一般情况下，单位的文稿写手常常被高看一眼、厚爱几分，甚至是成长进步比较快的那一类人。

而在当下，写手们的状况果真是如此吗？

# 1.1 谁来起草文稿，是真问题，还是伪命题

曾几何时，在机关里做一个文稿写手，成天跟在领导身边，或者泡在会议室、蹲在办公室里，做点办文办会、舞文弄墨的工作，也算得上有颜有面。

这是因为，于领导和领导班子而言，文稿写手就是工作的助手、帮手、推手，其所写，表达的是领导意图，传达的是领导声音，展示的是领导魅力。如果作用发挥得更充分，在更高一个层次上讲，也可以算得上领导的智囊、高参，是领导的左膀右臂。一个单位的文稿写手，无疑是这个单位中比较特殊的那一类人，虽然不是领导者、决策者，但离决策核心层近，在领导活动中发挥着特殊的服务作用，在一些重大决策中的参与程度还比较深。因而，这个岗位既非常敏感，又比较受关注。

于众人而言，文稿写手也是才气的标识。在一般人眼中，文稿写

手属于"腹有诗书""才华横溢"的那一类人。说到写手们的工作，多少有些"指点江山、激扬文字"的意蕴在里面。在某种意义上讲，"笔杆子"就是才子的代名词。现实中，文稿写手里面确实不乏才气过人的写作高手。

自古以来，才高之人总是受到尊崇，很容易被众人追捧。老戏文里，总是要千方百计把才子与佳人凑成绝配，缔造出动人的绝唱故事。这就表明，在人们的期望里，真正的才子就应该有与其才气基本相符的价值体现，比如令人艳羡的好姻缘、受人景仰的好前程等。

可是，不知从什么时候起，在机关里当文稿写手已不再那么叫人羡慕了，很难碰到主动想做"笔杆子"的人了。甚至不少长期从事文稿写作工作的，把摆脱写手身份作为人生重要追求目标，要洗刷掉"笔杆子"这个标签。写手难找，写手难留，写手身份的自我认同感不强，好写手不再引以为傲，这已是大小机关单位不争的现实状态。

找到一个合格的文稿写手有多难，从公务员遴选过程中就可看出一二。同样是从基层单位招考选人，别的部门应试者如云，而主要担负文稿起草任务的研究室，往往却只有寥寥数人报名应试，能够勉强开考就算不错了。愿写的人不多，能成为合格文稿写手的自然就少了，最终能成长为好写手的概率就更低了。毕竟没有一定的数量，也就难以保证质量。

在当下，谁来写稿，如何培养好的文稿写手，早就成了行政机关和企事业单位不大不小的难题。时常见到一些机关单位的主要负责人，因为找不到合格的"笔杆子"而大伤脑筋，对高水平的文稿写手更是思之若渴。即使是在省直机关单位，找到一名用起来比较"称手"的文稿写手也很不容易。目前，好写手极其稀有，可以说到了"遍寻而难遇"的地步。党委政研室、政府研究室、发改委等类似单位，历来写作高手云集，这些部门即便过去文稿写作人才济济，现在也不同程度存在着文稿写手断档的危机。"笔杆子"都去哪里了？许多人都在问同一个问题。

## 1.2 "两个定式"看法，给写手群体画了像

机关的文稿写手，往往承担着与自己地位、身份和能力并不怎么相符的工作职责，这就是"文为领导服务而作，事为发展大局而谋"。文稿写手"身在兵位"，却必须"胸谋帅事"，发出"为将之声"，写出"为帅之言"。即便是初出茅庐的新手，一朝成为单位的文稿写手，也要做超出个人身份、地位和能力的工作，而且大多数时候，需要"讲领导的话、谋决策的事、干全局的活"。扮演着这样"高大上"的角色，名头上比较响，表面上也光鲜，但对当事者而言，实则是相当严峻的挑战，用苦不堪言来形容也不为过。文稿写作岗位能够非常直接地体现出"危机"这个词的内涵："危"与"机"并存，干好了可能有着巨大的机遇在等候，干砸了也可能意味着较大的职业评价风险将加持于身。

出现这种状况，是由文稿写手的工作特点决定的。作为一个文稿写手，成天写着领导活动"要讲的话"，谋着领导决策"要定的事"，离领导又太近，因而在对其业绩能力评价认定中，很容易形成两种截然不同的定式看法。

一种是被认定为"工作能力不足"。文稿写手承担着超出常态的重压，挑战巨大，有很多人即使承受了常人难以忍受的苦累，也难以取得令人满意的成就，从而形成对个人"工作能力不足"的定式看法。而且由于文稿写手就在领导身边工作，这种定式看法，很容易不由自主地就

转化为领导的评价，导致的后果是不言而喻的。这恐怕也是写作岗位让许多人望而生畏、望而却步的重要因素了。

另一种是被认定为"很适合文稿写作岗位"。工作做得极其出色的，会被公认为"大笔杆子""好写手"，甚至被视作"文胆"。这些评价看起来甚为不错，但类似标签一旦贴上去了，也就顺理成章地形成了"很适合文稿写作岗位"的定式评价。对写手而言，这种评价尽管还算是正面肯定，在一定程度上也是一种价值承认，但在现实工作中并非都是受到欢迎的。有了这样一种评价，对一个好写手而言，也就具有了岗位的排他性，领导不愿放手，别人染指不了，"非其莫属"，工作岗位因此被固化，可能会导致一岗定终身。

写手群体中流传着这样一个悖论：越是优秀的文稿写手，转岗渠道、晋升通道反而越狭窄。有人总结，当文稿写手，不能干得太差，因为承担不起"工作能力不足"的评价后果，这可能导致形成职业生涯的"一票否决"；也不能干得太好，因为这样很有可能被贴上"笔杆子"的标签，被如此画了像、定了位，从此就脱不了身。

不知从什么时候开始，"好写手"似乎已不是所有当事人都乐意接受的"好评"了。一旦被如此定性，就可能意味着这个人能力单一，缺乏多岗位历练，没有在实际工作岗位上的锻炼经历，更谈不上独立主持一方工作和承受急难险重任务的考验。对一个公务员而言，履历中如果缺少了这些关键性的硬件、要素，成长晋升，甚至岗位转换必然会受到掣肘，也可能就是缺少决定性的一项。

在一些单位，常常能见到服务了四五任领导的文稿写作高手，他们入职二三十年，有的甚至是出了学校门即进机关门，直至退休，都没有换过单位，也没有换过文稿写作工作岗位，是真正的"从一而终"。对一个人来讲，难的也许并不是做好许多件大事、难事，而是数十年日复一日做同样的事。如果不是因为做得出色，也不会让他们在一个岗位上持续干这么久。文稿写作岗位作为能力席位，难担纲者自然让位出局。但是，现实中似乎并没有给这些人更多的赞誉之词，文稿写手这个群体反而给别人留下了刻板、恃才的印象。由于他们没有一线实际工作经验，在能力素质上被认为是有欠缺的。比如，这些人被认为可能不善于管理日常事务和处置复杂情况，甚至连人际关系处理方面也被人诟病。机关里的"笔杆子"，往往也是别人口中清高、不合群，甚至"另类"的代名词。类似这样的评价，不是画像胜似画像。

## 1.3 当高稀缺遇到高需求，写手身价已在上涨通道中

文稿写作这个岗位，存在着"三高"特性：岗位入职的门槛高，个人素质、禀赋要求高，胜任工作的难度高。这就是为什么坊间会流传关于文稿写手们"不一般"的说法："一般人不愿干，一般人干不了，干的人不一般。"

某省政府研究室在公务员遴选中，除了要求具备共性的条件外，还明确报名人员必须毕业于"双一流"大学，考试方法也不同于一般做法。题目是单位自拟的：给出一定素材，要求现场写一篇讲话稿；提供相应材料，要求写一篇经济形势分析汇报；专门选择十分凌乱的讲话原稿，要求整理成可正式发文的规范文本。所有的素材和要求都是现实工作状态的呈现，完全体现"干什么，考什么"。考试时间是一整天，中间不休息，午饭送进考场。通过这种形式的考试，选拔出来的人基本就能立即用上，因为能够通过考试的人，多数在文稿写作岗位上已身经百战了。

对于急需文稿写作人手的单位而言，这种选拔方式无疑具有独特的

好处——能闯关夺隘进来的都是熟手，一上船就可以驾着船去航行。但其不足也是显而易见的——长期局限在比较小的圈子里选人，择人面越来越窄。这样的选人规则，把大量新的欲尝试者挡在门外，在一定程度上加剧了文稿写手资源的稀缺性。本来可供挑选的人基数就不大，越这样，就只会越"卷"。

也许有人要问，既然写手难觅，为何还要自我设限，设置如此之高的门槛呢？这不是自己为难自己吗？当然不是！这个悖论的形成，实属由文稿写作岗位的特殊性推动的。如此操作，也是无奈之举。

做一个称职的写手，少不了具备两个"超强"。

一是超强的独立工作能力。就文稿写作而言，尽管很多时候需要多方面协同，但更多情况下是个人独立作战，对个人能力素养的要求更多也更高。一篇文稿的质量，通常体现的是起草者个人的能力素养。即使写作由集体承担、联合攻关，也有赖于起草班子中水平较高的"关键少数"发挥关键作用。一个文稿写作班子的水平，往往是由这个班子中水平最高者决定的，这就是所谓的写手群体的"长板效应"。"长板效应"更强调个人能力特长的发挥，这也是写手成长规律特殊性的表现。

二是超强的学习领悟能力。单位的文稿写手有一个共同特征——后天成长起来的。大学的专业与此不沾边，学校开设的写作课效用也不大。还有一个不争的事实，那就是单位的文稿写作高手，不一定是文科专业的毕业生。在一些专门从事文稿起草的部门，如研究室，有不少理工科专业的毕业生反而显示出突出优势、更大潜力，挑起了大梁。细究其根源，站稳文稿写作岗位，需要多学科的融合、多维度的视角，还需要经过严格的逻辑思维训练，并不在于曾经学过什么，更重要的是具备根据工作需要再学习的能力。比如，服务好领导，首先必须学会与领导打交道，善于领会和掌握领导意图、熟悉领导风格，让文稿服务更有针对性。

这些能力很少有人教，即使有人教，也不是轻易就能学到位的，最主要的还是自己在工作中学、悟。干中学、干中悟的能力，往往能标示一个文稿写手的水平刻度。

正因为文稿写作岗位是名副其实的"三高"岗位，一些单位在选人用人时往往抱着宁缺毋滥的态度，为了得到人岗相适的心仪人选，不愿降格以求、将就充数。如此操作，自然而然地就会导致文稿写手的稀缺性加剧。当下，各行各业对文稿写手的高需求是显而易见的，对好写手更是求贤若渴、虚位以待。稀缺性决定价值，稀缺程度越高价值越高。当高稀缺与高需求迎头相撞之时，文稿写手不可替代的价值必然会更加凸显出来。

从普遍的期望看，优品理当获得优价，社会对人才总是存有"高进高出"愿望的。文稿写作岗位有着其他岗位难以比拟的价值空间，在任何时候，这一点都是客观存在的，都是不容忽视的。

文稿写作岗位，在位置上实际占据的是一个相对"制高点"。这个制高点并不是指文稿写手职务有多高、位置有多显赫，本意是指写手职业特征在于"身在兵位，胸谋帅事"。相较于其他工作，文稿写作工作的起势高，往往工作起点就是人生的高点。占据这个"高位"，意味着必须要有更大的格局、更宽的视野、更高的素养、更强的能力。在职场中，这样的岗位不是什么人都能上得来，还能站得住的，也不是什么岗位都能提供如此多的机会供人历练的。在文稿写作这个岗位上站住了，转换到任何其他岗位，都能上手快、适应快，很容易就能打开局面。这是因为这些人从服务全局工作中走出来，转向某个部门或局部工作，看什么都有"一览众山小"的观感。他们经受过大局观、整体系统观和协调统筹能力的训练，会表现出显著的优势。因为经历过太多大场面，所以遇事不慌、处乱不惊、应对有序，这也使他们在任何工作中都更有可能显得举重若轻、有条不紊，表现得游刃有余。

文稿写作岗位，提供了便利表达的"直通车"。中国传统读书人或多或少都有"学成文武艺，货于帝王家"的理想抱负。寒窗苦读，学成一身本事，为的是有朝一日能报效国家，济世安民。但学成了本事，还得报国有门。如果身在"无人问津"的位置，纵使有再好的奇思妙想，没有适当的表达渠道，也难以施展抱负。诸葛亮"三分天下"的战略构想，有了"隆中对"这个平台，才得以表达和实施。文稿写作这个岗位，所承担的职责显然不仅仅是对领导所思所想做简单的文字转换，而是更高层面的思想深化和决策谋划。前者至多只能算是"写作匠"的角色，后者才是智囊、参谋和助手，二者所起的作用是完全不可相提并论的。一个文稿写手，如果能以自己的工作方式，将自己的谋划和思考转换为领导的思想和决策，进而转变为实际的工作效果和发展成果，就完全超越了一般意义上的写手角色定位，实现了价值的升华。

文稿写作岗位，还是自我完善的"便捷道"。与高手在一起，不一定会变成高手，但一定能受到高手熏陶，促进自己向高手靠拢。文稿写手所服务的对象，远非一般普通人，而是各方面都比自己强得多的特定领导群体。在这样的"高手群体"身边工作，是提高个人各方面能力素质的最大便利条件，只要做有心人，想不提高能力素质都难。如果一个人每天的工作都似"跳起来摘桃子"，那么无形中自己也会长高、变壮，实现意想不到的自我超越。

文稿写手作为稀缺资源，真实的价值是不可能被一直掩盖、永久埋没的，总会有冒出头的时候。况且，当今社会对一个人的价值评价日趋多元，具体到对一个公务员的评价，显然不会简单地以职务晋升作为唯一标准。公务员以"公"字当头，全心全意服务于人民，才是根本的价值追求；谁对人民的贡献大，谁的人生价值就大。

## 1.4 领导工作越专业，写手就须越专职

对一个领导者而言，在领导活动中做得最多、最频繁的事，应该就是在不同场合、面对不同对象、针对不同问题发表不同的讲话。讲话的能力和水平，展示的是领导能力、领导魅力。能讲、善讲，可以说是领导者履职尽责的利器，是提升领导形象的加分项。因此，也就有了"口才是领导力"的说法。因为通过讲话，能很直观地体现出一个领导的综合素质、专业素养、统领才能。

时常会听到一些这样的声音：当领导的，其讲话稿为什么不自己写，而要由专门的写手班子代笔呢？这是一种似是而非的看法，与现实状况也并不相符，这种观点是不值得一驳的。提倡领导自己撰写文稿，并非是指完全由领导个人亲自动笔写成大篇幅的文字稿件，领导更多的应该是定方向、出思路、提观点。所谓代笔，就是使这些方向、思路和观点系统化、规范化、具体化、可操作化，将其转化为规范的文字稿。当代领导面临的是更为复杂的治理环境、更为多元的治理对象，在实践中经常遇到的是两难、多难的治理局面，使得选择更难、风险更大、挑战更多、利益取舍更难决定。这就需要将领导活动涉及的领域、程序、环节等进行更详细的分解。一些涉及专业领域的工作，尽可能由专业人员来承担，这其中就包括相对专业的文稿写作班子。让领导从烦琐的具体程序和环节中超脱出来，集中精力去做关于决策的大事、要事，也是"专业人做专业事"的题中之义。

领导活动的实践表明，越是精干、专业、高能的领导班子，内部分工就越是精细，其内部分工中更是少不了专业的文稿写手组合。在领导活动中，尽管不是每次都需要准备好书面讲话稿，但在重要会议、重要活动等正式场合，采用书面讲话稿，既是礼仪规范，也是庄重性和严肃

性的体现。

事实上，讲话并非仅仅是形式上的要求，更是施展领导才能的方式、手段和载体。中国共产党在百年奋斗中，历来高度重视理论武装、思想统一，一个非常重要的方式就是以领导人讲话的形式阐发理念、凝聚共识、作出决策、推进工作。一部《毛泽东选集》中，既有研究报告，如《湖南农民运动考察报告》《寻乌调查》等；也有经典理论文章，如《论持久战》《实践论》《矛盾论》等；但更多的还是毛泽东的重要讲话。这些讲话，在党的百年奋斗史上有着十分重要的地位，本身就是党的百年奋斗历程的重要构成因子，凝聚着党的百年伟大成就和历史经验的精华。这些传世名作，业已成为中共党史、中华民族奋斗史和国际共产主义运动史的重要组成部分。历史已经证明，这些经典讲话，不仅是中国共产党的纲领性文献，也是中华民族优秀文化的精华结晶，是中华文化为世界文明发展进步奉献的精品力作，可以说已经成为世界文化宝库中的瑰宝。

中国共产党的领导人不仅十分重视讲话的效用，对如何写好讲话稿也有许多专门论述。毛泽东的《反对党八股》一文，就可以被当作专业的写作教材。把文风上升到党风的高度予以重视，体现出党的第一代中央领导集体的非凡见识。

当代社会治理面临的是极其复杂、更高风险和极大不确定性的场域，使得治理分工越来越精细，领导工作的专业化程度也越来越精深。以新冠肺炎疫情防控为例，这场战役对所有人，尤其是官员是一次大考，不少官员由于考试成绩不理想，或者种种原因而被问责，甚至免职。之所以形成这种状况，一个很重要的因素，就在于"专业化"成为被广泛关注的热点。在一个高度细分化的社会中，治理能力和水平的提高，更有赖于专业人去做专业的事，以减少盲目决策和瞎指挥，杜绝乱操作和乱作为。在这样的社会治理背景下，文稿写手的专业化要求、专职化配置需求越来越旺盛，这也是领导工作适应时代变化的必然趋势。

## 1.5 真正的好写手，不会缺席好时代

当今中国，正处在中华民族伟大复兴战略全局和世界百年未有之大变局的历史交汇点，正值千载难逢的重大历史机遇期，同时也面临着前所未有的巨大风险考验和严峻挑战。中国的和平崛起和中华民族的伟大复兴，必将深刻改变世界格局，必将深刻改变中国自身，这已经成为不争的事实、不可逆转的历史发展潮流。

身处这样一个伟大时代，何其幸也！这个"幸"字，既包括好时代赋予所有人的巨大"时代红利"，也蕴含着好时代为每个人提供更多人生出彩的大舞台。这个时代给予了我们更多更好的机会，我们有幸享受着好时代带来的发展成果。在不经意中，我们已经身处中华民族数千年历史上最好的时代！有幸赶上这个好时代，我们不仅仅要做时代的见证者、享用者，更要做时代的参与者、推动者，积极主动地去紧跟这个时代、建设这个时代、讴歌这个时代。

真正合格的文稿写手，就是这样一群人：他们长年累月做着以文辅政的工作，职虽不高、位虽不显，但做的是关乎重大决策的"惊天动地事"，谋的是情牵千家万户的"千头万绪事"；他们身居斗室，但思想没见禁锢，思维活跃，"上接最高'天线'，下接最深'地气'，广纳八面来风"；他们是领导工作的助手、帮手、推手，但默默无闻、甘居幕后。就是这样一支队伍，经他们之手，把领导的思想、观念和设想，转化成了一个又一个"政策性文件"、推进工作的讲话和一篇又一篇振奋人心、流传后世的雄文，也留下了"中国共产党的公文是世界最好的"佳话。在思

想理论构建、增强文化自信上，这些无名的文稿写手奉献了心血和汗水。"天空中没有留下鸟的痕迹，但我已飞过。"作为一个文稿写手，他们的名字也许永远都不会被记录，但这并不会抹杀他们的付出。

时代造就了写手。好时代出好文章，好时代期待好写手。恰逢好时代，是幸事，更是责任。有志于做一个有抱负、有作为的好写手，就一定不会缺席好时代，更不会辜负好时代！

# 第二问

讲话稿检验成色，
写手如何过好这
一关？

讲话稿在领导工作中运用频率最高、最普遍、最广泛，这类文稿也是受重视程度最高的。如果对各类文稿的需求程度、综合难度和关注热度做一个评估，讲话稿无疑是需求量更大、起草难度系数更高的，同时也是服务对象即领导更为看重的。因此，检验一个文稿写手的水平如何，最好的方式就是看他起草讲话稿的水平怎样。

## 2.1 讲话稿的功率输出，直接关涉领导工作功效

讲话稿为什么更被看重？用一句话总结，那就是领导讲话是用于指导和推动工作的。

尽管不是什么样的领导讲话都称得上"重要"，领导讲话更算不上什么"金口玉言"，但有一点是不容置疑的，那就是但凡出自领导之口的讲话，往往是带着明显意图的，有着明确的决策安排和工作指向，对于决策实施、工作落实能够产生强有力的影响。这个影响有可能是正影响，也有可能是负影响。好的讲话往往能凝人心、汇能量、聚合力，推动工作落实。但如果讲得不好，甚至讲错了，不仅对推进工作起不到正向的作用，对讲话者自己来说，也可能"祸从口出"，产生难以把控的不良后果。这样的事例是有不少的。

一篇好的讲话稿，往往能够发挥意想不到的良性作用，起到超出预想的效果。历史上有些著名演讲，一直被津津乐道、广为传诵，就是因为这样的讲话在历史上产生过巨大影响。

比如，1863年11月19日，美国时任总统亚伯拉罕·林肯在葛底斯堡国家公墓揭幕式上发表演说，只讲了两分钟，却赢得了十多分钟的热烈掌声。"葛底斯堡演说"被称为美国历史上最伟大的演说之一，也成为美国被引用次数最多的重要政治性演说。

　　毛泽东在党的七届二中全会上，谆谆告诫全党要坚决做到"两个务必"，在即将夺取全国胜利的大好形势下，对全党发出雷霆般的警示，至今言犹在耳，成为党史国史上永恒的经典。

　　邓小平在党的十一届三中全会上的讲话，标题为《解放思想，实事求是，团结一致向前看》，时至今日，许多人仍能脱口背出。1992 年邓小平南方谈话中的许多观点，历经三十年，至今仍被大家熟知。

　　这些著名的讲话，被打上了深深的时代烙印，成为那个时代的鲜明标识。经典演说，不仅反映着时代的呼声，是推动时代前进的号角，也总会穿越时代，迸发出恒久不衰的影响力，成为人类文明的共同财富。

　　认清讲话稿的重要性，对文稿写手来说，就是要弄明白讲话稿对于领导和领导活动的重要性。有领导活动，就必有领导讲话，这是标配。把准领导讲话的功用，提高讲话的输出功率，力求达到最好的功效，这是一个文稿写手在起草讲话稿时应孜孜以求的。

## 2.2 "三大赋能"力助写手过好讲话稿写作关

　　一篇讲话稿，一旦起草出来，经领导之口讲出去了，就总是被期待能够产生良好的效果。能不能达到理想的输出效果，一个很重要的方面在于讲话本身所具备的政治立场是否站稳、思想引领是否正确、政策是否精准到位、措施力度是否强劲，如此等等，不一而足。上述这些方面的能量越大，讲话的输出功率就越大，发挥出的功效也就越大。具备了这些要素，一篇精彩的讲话稿也就形成了。

　　政治赋能，解决好讲话稿的立场站位。政治人物都来自一定的政治组织，代表着特定的政治利益。因此，任何政治人物的讲话，都带有鲜明的政治倾向、政治意图、政治要求、政治标准。这一点，在中外历史上著名人物的经典讲话中，均体现得淋漓尽致。

习近平总书记连续九年发表的新年贺词，始终贯穿的一条主线是人民至上的理念和情怀。有人评论说，习近平总书记心中的"C位"始终留给了人民。比如，在 2022 年新年贺词中，习近平总书记以他惯常的讲话风格娓娓道来："从年头到年尾，农田、企业、社区、学校、医院、军营、科研院所……大家忙了一整年，付出了，奉献了，也收获了。"总书记以"拉家常"式的口吻，于"润物细无声"中透出细腻和深情。在这些知心话、暖心话、安心话中，深深蕴含着"江山就是人民，人民就是江山"的厚重与浓情，饱含着中国共产党人始终坚持为人民服务的根本宗旨、始终恪守以人民为中心的发展思想。习近平总书记连续九年发表的新年贺词，从不同侧面、不同视角，对"人民是共和国的坚实根基，人民是共产党执政的最大底气"这个重大命题，做了最深刻，也是最通俗的阐释。这也是对中国共产党与人民群众血肉联系的最好政治表达。

亚伯拉罕·林肯在葛底斯堡演说中阐述的核心理念，就是"民有、民治、民享"那一套思想观念和政治理念，以体现其作为美利坚合众国总统的政治立场和政治站位。

政治性是讲话稿的第一属性。领导干部都是政治人物，他们的讲话，第一位的是要表达政治态度、阐明政治关系、输出政治能量。谈到政治性，总有人觉得是空洞的口号，是冰冷的，是虚而不实的东西。这实际上是因为不太懂政治、不善于政治表达而产生的不正确认知。从习近平总书记的讲话中，能够充分体会到政治话语同样可以很有温度、很有质感，同样可以讲得温润如玉、具体实在。

政治的核心是利益，显现出纷繁复杂、形形色色的利益关系。利益是真真切切的现实存在，关乎每一个人，绝不空洞，毫不虚幻。一个政治组织在利益上代表谁，决定着其为了谁，是奔着谁而去、为谁而效命的，这是充分显示这个政治组织性质的根本问题。中国共产党来自人民，根基和血脉在人民。为人民而生，因人民而兴，始终同人民在一起，为人民利益而奋斗，这是中国共产党立党兴党强党的根本出发点和落脚点。起草讲话稿，只有政治站位找准了、站住了、扎稳了，整个文稿才能真正撑得起来、立得住脚。

从起草讲话稿和各种文稿的工作实际看，对政治属性问题如何正确把握，往往是写手们感到难度比较大的。这个难，既有全面、系统、完整领会之难，也体现在对政治性问题的准确表述把握之难上。时常看到，有不少文稿中的政治性表达不精准、不实在、不生动，空对空，比较干瘪。这样的稿子写出来、讲出去，既不是群众喜闻乐见的，也起不到应有的效果。

在现行的不少文稿中，写手干脆统统直接把"提高政治站位"单列为一个部分，作为单独表达的内容，并且这似乎已经逐渐成了一种表达范式。在文稿起草中作这样的安排，从形式上看好像并无什么特别不妥之处，至少不会在"政治上的正确"方面出什么问题。但如果千篇一律，人云亦云，言必称"提高政治站位"，一个模式人人套用，一篇例文人人照抄，透出一股浓浓的"八股味"，这样的文稿看起来就难以打动人，听起来也提不起劲，在感觉上就会感到与"心目中的政治"不是一回事，觉得走了调、偏了向、变了味。一味这样写，不知不觉中，难免让人感到把"讲政治"搞成了口号政治、表态政治、空头政治，这样表达的效果定然好不了。

文稿中的政治性如何体现？怎样才能在行文中把政治性话题讲得精准到位，还能精彩动听呢？从本质上讲，并不在于明面上的表达形式，核心在于文稿思想意蕴的政治性特征。评价一篇文稿的政治站位，显然不能仅以文稿中是否出现了"提高政治站位"这样的字眼为依凭，而应看文稿的主题主线是否体现了所要表达的政治属性、政治态度、政治要求。

在文稿中把政治讲好，既包括内容好，也要求形式好。所谓内容好，就是确保"政治上的正确"；所谓形式好，就是要生动鲜活，为受众所接纳喜欢。作为文稿起草者，须要把握好领悟、融合、转化三大环节。

领悟的重点是如何上接"天线"。"天线"是上级精神的统称，其中最高的"天线"，是以习近平同志为核心的党中央的集中统一领导。党的十九届六中全会审议通过的《中共中央关于党的百年奋斗重大成就和历史经验的决议》指出："党确立习近平同志党中央的核心、全党的核心地位，确立习近平新时代中国特色社会主义思想的指导地位，反映了全党全军全国各族人民共同心愿，对新时代党和国家事业发展、对推进中华民族伟大复兴历史进程具有决定性意义。""两个确立"对接到地方，最根本的是如何做到"两个维护"，即坚决维护习近平总书记党中央的核心、全党的核心地位，坚决维护党中央权威和集中统一领导。是不是做到"两个维护"，是对是否坚持"两个确立"的政治检验。

对于这些固定的表述，一个字也不能变动！这能体现一个文稿写手是不是训练有素，也能反映其职业素养如何。要言不烦，不怕重复。那些重要政治观点，就是要在文稿中反复引用、反复重申，始终作为贯穿文稿的主题主线。当然，仅仅做到这一点还是远远不够的。对地方或部门而言，做到"两个维护"，不在于喊口号，而是要见思想、见行动、见成效，要见人见事，体现到贯彻落实党中央决策部署和习近平总书记重要指示批示精神的态度与实效上。任何文稿中要表达的最重要政治内容，都莫过于此。习近平新时代中国特色社会主义思想博大精深，涵盖治党治国治军、内政外交国防的方方面面、所有领域和各个层面，领悟其中的真谛，落实到具体行动中，落地见效，才是真正做到"两个维护"。

起草文稿，就要全面体现这些方面的要求，力求达到应有的效果。

融合的重点是如何下接"地气"。上接"天线"，并不是照抄照转上级精神，更重要的是把上级要求的精神实质，融合转化为地方的落实举措，以取得实实在在的成效。一方面，对于党中央的决策部署和习近平总书记的每一个重要指示批示，都要在总体领会的基础上，细化为地方或部门的落实举措。另一方面，习近平总书记对各地、各方面、各领域的工作都有具体的指示要求，如：习近平总书记主政浙江期间，为浙江量身定做的"八八战略"；考察湖北时提出的"建成支点、走在前列、谱写新篇"的要求。落实好这些要求精神，是做到"两个维护"的具体体现。在全国所有省份考察工作时，习近平总书记都发表了类似的重要讲话，这是对应省份贯彻落实党中央决策部署的总纲，对这些地方全方位、各领域工作起着统领作用。离开了这个"统领"，起草的文稿在政治上就不可能是合格的。

转化的重点在于使用人民群众喜闻乐见的表达方式。就是要用受欢迎的方式、实而活的形式，使严肃的政治话题鲜活起来，让人感到政治性文稿也能做到生动活泼、沁人心脾，不仅不枯燥，还可以讲得悦耳动听。习近平总书记在阐述人民幸福生活是"国之大者"这个命题时，都是从关心群众生活的细节入手的，这从他历次脱贫攻坚讲话、九次新年贺词、每次深入基层考察工作时的指示中，都能体会得到。这些讲话至理至情、入脑入心，什么时候听，都让人动心、令人感动、发人深思。

中国人讲究婉转、迂回、含蓄，而不是过于直白。将一些重大政治主题融会到工作和生活细节之中，徐徐展开、娓娓道来，往往产生的效果更好。文稿写作中，除了常见的直白地提出"必须讲政治"外，更应该提倡把讲政治的精髓体现在某些具体细节、情节、环节、措施中。比如，以经济建设为中心，坚持高质量发展根本要求，坚持以人民为中心的发展思想等，既是重大发展话题，也是重要的政治话题，在文稿中讲到位了，政治性也就体现出来了。

思想赋能，解决好讲话稿的精气灵魂。诗需有眼，义必有魂。这个"眼"和"魂"，就是诗文所承载的思想、理念、观点，它能起到引发思考、激活思绪、启迪思维的功效。精气神不足的文稿，根本就在于缺乏思想灵魂，缺乏精神气质。

中国文化人历来都十分推崇"文以载道"。古代文人把文比作车，车用来载物，而文则是用以载"道"的。道就是思想。荀子在《荀子》一书的《解蔽》《儒效》《正名》等篇目中，均提出了"文以明道"的观点。曹丕在《典论·论文》中明确提出了"文以载道"的论点。唐宋八大家之一的韩愈又提出了"文以贯道"的思想，他在《答李秀才书》中说："愈之所志于古者，不惟其辞之好，好其道焉尔。"他的门生李汉在《昌黎先生集》中说："文者，贯道之器也。"宋代朱熹认为："道者，文之根本。"周敦颐在《周子通书·文辞》中更强调："文，所以载道也。轮辕饰而人弗庸，徒饰也，况虚车乎？文辞，艺也；道德，实也。笃其实，而艺者书之，美则爱，爱则传焉。贤者得以学而至之，是为教。故曰：'言之不文，行之不远。'然不贤者，虽父兄临之，师保勉之，不学也，强之不从也。不知务道德，而第以文辞为能者，艺焉而已。"这里所说的"道"，是儒家的传统伦理道德。归纳周敦颐的观点，他认为，写文章是不是"代圣贤立言"，是不是倡导儒家的仁义道德和伦理纲常，决定着文章内容"贤与不贤"，这是评价文章如何的首要标准。即使文章辞藻再漂亮，如果没有道德内容，这样的文章是没有人喜爱的，也会行之不远。显然，文稿所要表达的思想，是其存在的意义之所在，这是中国历代文人共同的看法和观点。

文稿的传播力、影响力，来自其思想力。有一句著名的广告词："思想有多远，我们就能走多远。"从这句广告词中，我们可以读出不同的意旨。如果从文稿的角度看，可以认为是思想性决定文稿的生命力，思想力决定传播力，传播性越好，影响力越大。一篇好的文稿，必定有着强大的思想引领力。

在领导工作中，最重要的引领是思想引领。领导，就是引领、指导，是指引方向和指明路径的。思想是行动的先导，道理想清楚了，思想认识理顺了，就能迸发出巨大的行动力。比如，不少人在起草讲话稿时，一般情况下都会把"统一思想认识"作为首要的布局安排。这种布局安排过多太泛，听得生腻，因而"统一认识"的效果一般都很难达到。显然，一篇文稿的思想性，绝不仅仅体现在"统一思想认识"的直白表述上，纸面上的"统一"不是真正的"统一"。有的文稿不是直接去讲"统一思想认识"，而是通过形势分析、重要性解析、结构组成剖析等方式，体现文稿主题的深刻内涵和重大意义，从而达到"统一思想认识"的效果。

领导的职责主要是作决策、出主意。主意是思想层面的东西，工作思路清晰，遇事有主意、有办法，这是领导在思想上的过人之处，也是在领导方法上的过人之处。如果不具备这个"过人之处"，领导的威望就难以建构起来，工作也就难以打开局面，就更不要去奢谈"领先一筹"了，要做到出彩恐怕也很难。毛泽东是公认的出主意高手，早在井冈山时期，就流传着"毛委员有主意"的赞誉。他的许多文稿中，都闪烁着"智多星"的智慧光芒。如《论持久战》中就明确提出了战胜日本帝国主义侵略者的好主意。善于出主意、能出好主意，这是毛泽东能够从英才荟萃的老一辈杰出革命家中脱颖而出的重要因素。

讲话稿作为领导运用最频繁的思想输出方式，直接体现出领导的理论涵养和思想境界，这也成为判断其履职水平和能力高低的重要标尺。

起草讲话稿，就应体现与领导职责要求相匹配的思想高度。要让思想性这一领导水平的重要标志展现出来，在起草领导用的文稿时，文稿写手们无一例外地都会把输出思想、理念、观点作为集中发力点。

行动赋能，解决讲话稿的落实生效。领导讲话是为推动工作的，理应"一口唾沫一个钉"，讲了就得算数，说了就要落实，必须掷地有声、落地生效。讲的话不落实就是空话、不生效就是废话。空话、废话连篇的讲话大行其道，损害的是领导形象和党委、政府公信力。

一篇讲话稿蕴含的行动能量，主要来自三大方面：导向的引领、政策的信号、措施的力度。

从导向上看，领导讲话应该为其受众提供正确的问题导向、目标导向和效果导向。导向是行动的指引和方向。导向正确，才会走在正确的道路上。坚持问题导向，就是发现问题、分析问题、解决问题。马克思指出："问题就是时代的口号，是它表现自己精神状态的最实际的呼声。""一个问题，只有当它被提出来时，意味着解决问题的条件已经具备了。"坚持问题导向，关键是要着力解决问题。坚持目标导向，就是要提出符合发展实际、顺应人民群众期待的经济社会发展阶段性目标，使每个阶段性目标接续递进、梯次推进，从而把愿景转化为具体行动和实际效果。坚持效果导向，就是以工作成效为标准，以实实在在的业绩评判工作。习近平总书记指出："共产党就是为人民谋幸福的，人民群众什么方面感觉不幸福、不快乐、不满意，我们就在哪方面下功夫。"

问题、目标、效果，是事物发展的"一体三面"，问题是出发点，目标是根本点，效果是落脚点。工作的着力点，就是文稿的发力点。无论是对什么工作提要求的讲话稿，均会以一定的形式，将三大导向都有所照应、尽量涉猎。具备了这些基本要素，文稿会显得可执行、可操作、可实践。

从政策上看，重大工作部署安排的讲话，一般应该带有明确的政策信号。比如，一年一度的中央经济工作会议，是阶段性经济发展和政策走向的重要风向标。2020年12月16日至18日召开的中央经济工作会议，分析形势时明确指出，必须清醒看到，疫情变化和外部环境存在诸多不确定性，我国经济恢复基础尚不牢固。2021年世界经济形势仍然复杂严峻，复苏不稳定不平衡，疫情冲击导致的各类衍生风险不容忽视。为此，要扎实做好"六稳"工作、全面落实"六保"任务，科学精准实施宏观政策，努力保持经济运行在合理区间，宏观政策必须保持连续性、稳定性、可持续性。提出了继续实施积极的财政政策和稳健的货币政策，保持对经济恢复的必要支持力度，政策操作上要更加精准有效，不急转弯，把握好政策的时度效。在经济恢复基础尚不牢固的背景下，宏观政策不会大幅收缩，依然会保持一定的度。积极的财政政策要提质增效、更可持续，稳健的货币政策要灵活精准、合理适度。宏观层面要搞好货币政策跨周期设计；微观层面要健全结构性货币政策工具体系。对于需要长期支持的国民经济重点领域和薄弱环节，进一步加大支持力度，探索建立直达实体经济的长效机制，疏通金融体系流动性向实体经济的传导渠道，等等。

这些明确的政策信号，以中央经济工作会议重要讲话形式释放出来，有利于稳信心、稳预期，进而促进稳增长。可以说，这些政策起到了稳定大局、稳定预期的作用。试想，如果在重要会议的领导讲话中，对某些重大工作进行部署安排，只讲"要重视""要抓好"，却没讲"怎么重视""怎么抓好"等必备的政策措施，就是不完善的，就会显得非常虚，会议效果肯定是要大打折扣的。人们关注经济工作会议这样的重要会议，更多是冲着释放什么样的政策信号来的。信号不彰，则意味着信心不立。

从措施上看，领导讲话的落实程度，很大程度看措施的保障力度。措施是不可空谈的，落实能否有保障，关键在措施是不是真正管用、有效。措施要想既管用、又有效，在于是不是实而又实，既是需要的，又是可落实的。讲话稿中讲到措施保障，要注重聚焦整体突破，体现系统性；聚焦关键环节，体现操作性；聚焦重点对象，体现导向性；聚焦重要细节，体现精准性。切忌笼统地讲落实的要求，而无具体的办法做保障。如果只是把落实当口号，注定会落空。

## 2.3 观点制胜是根本性的制胜

文稿的思想性，主要包括主题蕴含的精神实质、观点体现的思想内涵、行文透出的理念方法，等等。就起草讲话稿而言，要想达到政治指引、思想引领、行动赋能的效果，必须做到观点制胜。

毛泽东是党内外都十分信服的文章大师。他对文稿的观点提炼非常看重。他曾告诫，写文章要处理好材料和观点的关系，强调"材料应与观点统一"，要形成自己的看法和观点。1958 年 3 月 2 日，他在听取某省委书记的汇报时发现，这个书记在汇报中只提到了一些数据和素材，基本没有提出自己的观点和想法。毛泽东对此是很不满意的，委婉地给予了批评。他指出，讲话只谈情况，不谈观点，是开"材料仓库"。他说，人的头脑是"加工厂"，没有材料不行，有了材料要经过加工，要产生观点，用观点统率材料。要能够从表面的事实背后找出本质的问题，上升到理论高度，得出规律性的结论，形成科学的决策意见，这是一个领导干部必须具备的基本功。在 1958 年的南宁会议上，毛泽东再次对这个问题进一步作出理论概括。他认为，文件、文章、讲话是意识形态的表现形式，要有准确性、鲜明性、生动性。

　　起草文稿，尤其是讲话稿，观点是凝练的思想，思想以观点来承载。观点越好，思想性体现得越充分。毛泽东讲"'枪杆子'里面出政权""星星之火，可以燎原""一切反动派都是纸老虎"，等等。邓小平讲"发展是硬道理""计划经济不等于社会主义，资本主义也有计划；市场经济不等于资本主义，社会主义也有市场"，等等。习近平总书记提出"共抓大保护，不搞大开发""江山就是人民，人民就是江山"，等等。言简意赅，振聋发聩，思想极其深邃，观点极其鲜明，影响极其深远，可称得上是观点制胜的典范。

　　思想观念不会从天上掉下来，好观点是如何炼成的呢？从文稿起草的实践看，观点主要来自三种渠道：借用、集成、原创。

　　借用是文稿写作中普遍运用的方式方法。人类文明在发展过程中，大家对一些事物、人物和事件，形成的许多公认的认识和观点，被广泛接纳和认同。这些观点，是任何人都可以借来一用的。起草文稿时，不要以为某些观点别人用过，自己就不能再用，自己捆住自己的手脚。好观点不是哪个人的专有品，也不应该被哪篇文稿独有，只要合适，都可以拿来为我所用。善于借用，借别人的威势抬升自己，是文稿出精品观点的捷径。

　　起草领导文稿，尤其是讲话稿，要特别注重从领袖的文稿里借用观点，以提升文稿的说服力。牛顿曾说："如果说我看得比别人更远些，那是因为我站在巨人的肩膀上。"毛泽东、邓小平、习近平的讲话，是观点汇集的宝库，取之不尽，用之不竭。经常恰到好处地借用领导人的精彩观点、精妙论述，文稿品位和质量一定会得到大幅度提升。习近平总书记的讲话，也经常引用毛泽东、邓小平的重要观点，以增强讲话的说服力。在起草文稿时，要善于跟随习近平总书记学观点、学方法，善于从总书记的讲话中汲取观点，提升文稿的站位和品位。作为一个文稿写手，对习近平总书记的重要讲话必须更全面系统地学习钻研，对习近平新时代中国特色社会主义思想必须有更深刻透彻的领悟体会。掌握领悟得到位，用时才能信手拈来。

集成是经常使用的方式。文稿起草本身属于创造性的工作，需要运用成熟的创新手段和办法。集成创新，是科研中重要的创新方法，也可以被运用到文稿起草上来。在起草文稿时实施集成创新，大致有两个步骤。

首先是汇集。起草文稿要拿出新观点，就要善于辨识众家之优、集中众家之长。刘勰在《文心雕龙》中说："操千曲而后晓声，观千剑而后识器。"揭示了实践出真知的原理。阅历越丰富，越能识别众家之优、集中众家之长，并将其转化为自己独特的优势。

凡起草文稿，均可以围绕主题作相应的大数据分析，看看他人在这方面已经有了什么见解，弄一个并不一定要十分完整的观点集成。把最好的观点集中起来，加以消化、吸收，通过融会贯通，转化形成自己可用的创新成果。

其次是重组。观点汇集只算是材料归并，知晓有什么现成的观点。能为我所用，还得要善于重组。推进观点重组，不仅要产生物理反应，还必须催生化学反应，才能形成集成效应，从而产生自己的创新成果。

2022 年 1 月 11 日，习近平总书记在省部级主要领导干部学习贯彻党的十九届六中全会精神专题研讨班开班式上的重要讲话，是一篇闪耀着马克思主义理论光辉的经典文献。这篇重要讲话，从写作技术上讲，可说是集成创新的典范。讲话阐述了五大观点，即：推进马克思主义中国化时代化、正确把握社会主要矛盾和中心任务、重视战略策略问题、永葆党的马克思主义政党本色、推进党史学习教育常态化长效化。这五个问题，习近平总书记在不同时期、不同场合多数分别讲过，但集中在一起讲还是首次。只不过经过整合重组，每一个曾经讲过的观点都被注入了新的内涵，焕然一新。更突出的是，单个的观点组合在一起后，得到了整体的升华，形成了鲜明的集成效应。

如果是就同一个问题起草文稿，可以对不同省市解决该问题的先进经验进行归纳总结，搜集专家学者的观点进行概括集中，在此基础上优化重组、加工整合、提炼升华，从而得到自己的见解。这些见解，也许并非独到，但因为集中了众家之长，并被进行了优化重组，也会使人耳目一新。

领导工作场景可能每天都在变化，但不管在什么环境状态下，工作内容总会有大量交叉重叠。起草领导所使用的讲话稿也就没有必要每次都去另起炉灶，重新再来一遍，只需进行相应的重组即可。文稿要创新，集成也许是最快捷的路径。

原创是最见功底的创新方式。具有原创性特征的文稿，更能体现文稿写手的理论高度、思想深度和视野广度，标志着文稿写作工作的高峰。写出原创性的精品力作，历来都是文稿写手致力追求的高远目标。一个文稿写手，如果终其写作生涯，也没能写出几个令人景仰、信服的原创文稿，必然于心不甘，留下职业生涯的遗憾。从根本上讲，不善于原始创新、缺少原始创新产品，是撑不起文稿写作高手名头的。

原创能力，是文稿写手理论素养、实践经验的升华。具备原创能力既需要在写作实践上长期打磨，积累丰富的在事上历练的经验，也需要打牢理论这个基础，理论基础越厚实，越能迸发出创新的强大能量。在创新上有一个常见的现象，那就是"长期积累，偶然得之"。思想火花在不经意间迸发出来，看似偶然，实则必然，是日积月累、厚积薄发的结果。要厚实功底，就得下苦功夫。古人有"吟安一个字，捻断数茎须"，功夫下足了，功底就会夯实打牢。

比如，某文稿起草人员曾经为了在起草的讲话稿中说清楚某省是靠制造业起家的这个事实，把制造业是该省经济的"压舱石"和"主支撑"突出出来，花功夫去认真研究新中国成立以来，特别是改革开放四十多年来，制造业与经济增长的相关关系，以此来说明制造业在该省经济发展中无可替代的地位。他硬是把讲话稿作出了不亚于专业论文的研究深度，极大地彰显了讲话稿的高度和深度。

2022年2月7日，也就是春节长假后上班第一天，某省省委召开全省深入实施区域发展布局暨县域经济发展大会，省委书记的讲话受到一致好评和媒体热捧。根据该省党报的公开报道分析，这个讲话可以主要归纳为以下内容：

**一、从战略上认识、思考和把握区域发展布局，加快形成以中心城市引领城市群发展、以城市群带动区域发展的局面**

区域发展的重要特征，是中心城市的做大做强及其引领、辐射、带动的协同发展，本质是全域发展、高质量发展。在经济全球化背景下，现代经济很大程度上是区域协同发展、区域一体化发展，而区域协同发展集中体现为城市尤其是中心城市和城市群的发展。深入实施区域发展布局是我们把握主要矛盾和中心任务，解决发展不平衡不充分问题的关键抓手。

要遵循区域发展普遍规律，以更大力度纵深推进我省区域发展布局，着力提高经济集聚度、区域协同性和整体竞争力，加快形成以中心城市引领城市群发展、以城市群带动区域发展的局面。

实施"一主引领、两翼驱动、全域协同"区域发展布局，既是对历史经验的成功总结，也是全省现实发展的迫切需求，更是关乎全局和长远发展的重大战略考量。区域发展不进则退、慢进亦退，区域发展反映资源和要素的集聚、吸附、利用能力，哪里环境好、功能强，哪里要素集聚得好，哪里就会发展得好。

要通过实施区域发展布局，推动资源要素集聚集成、高效配置，用推动疫后重振和高质量发展、持续优化营商环境形成的强大发展气场，推进区域发展布局提能升级、再上台阶；用区域发展布局的深耕厚植、久久为功，巩固拓展良好发展态势，为长远发展奠定坚实基础。

【解读：讲话中阐述了要以更大力度纵深推进区域发展布局，着力提高经济集聚度、区域协同性和整体竞争力，加快形成以中心城市引领城市群发展、以城市群带动区域发展的局面。体现了对经济规律，尤其是城市发展规律的认识和把握，有一定理论性，体现了一定的专业化水平。】

## 二、把战略的坚定性和策略的灵活性结合起来，找准工作切入口和着力点，加快形成"强核、壮圈、带群、兴县"多点支撑、多极发力的发展格局

深入实施区域发展布局，各个层面、各个主体都要紧紧围绕"发挥什么作用"找准目标定位、体现担当作为，围绕"怎样发挥作用"确定工作思路、重点举措，把战略的坚定性和策略的灵活性结合起来，找准工作切入口和着力点，加快形成"强核、壮圈、带群、兴县"多点支撑、多极发力的发展格局。

要做强"一主引领"，全省坚定不移支持W市做大做强，既要充分发挥W市的龙头引领和辐射带动作用，又要充分发挥W市城市圈同城化发展及其对全域的辐射带动作用。

W市要挑大梁、当先锋、打头阵，持续在增强功能、加快发展、提升能级上进一步昂起龙头，锚定国家中心城市、长江经济带核心城市、国际化大都市总体定位，加快建设"五个中心"，打造新时代英雄城市，以W市首位度提升W市城市圈的显示度。

W市城市圈要加快打造最具发展活力、最具竞争力、最具影响力

的省域城市圈,促进长江中游城市群协同发展,成为引领全省、支撑中部、辐射全国、融入世界的全国重要增长极。坚持"九城即一城"理念,进一步拓展"规划同编、交通同网、科技同兴、产业同链、民生同保"的广度和深度,以一个个打破壁垒、拆除藩篱的小切口,做好同城化大文章。

要促进"两翼驱动",推动 X 市打造中西部非省会龙头城市和汉江流域中心城市、Y 市打造中西部非省会龙头城市和长江中上游区域性中心城市。城市群要打造北向、西向开放门户和联结 W 市城市圈与中原城市群、关中平原城市群的重要纽带,打造以产业转型升级和先进制造业为重点的高质量发展经济带。

城市群要打造南向、西向开放门户和联结 W 市城市圈与成渝双城经济圈的重要纽带,打造以绿色经济和战略性新兴产业为特色的高质量发展经济带。

加快两翼城市群一体化发展,构建支撑全省高质量发展的南北列阵,成为全国非省会城市群的重要增长极。要着力建设"省域区域性中心城市",推动 J 市打造鄂中省域区域性中心城市、H 市打造鄂东省域区域性中心城市、S 市打造鄂西省域区域性中心城市,以市域发展更好引领县域发展,以县域发展更好支撑市域发展。

加快推进以县城为重要载体的城镇化建设,持续优化营商环境,打好县域发展攻坚战和整体战,促进县域经济突破性发展。全域协同发展,差距在县域,潜力在县域,关键在县域。县域发展的重要突破口就是发展产业、集聚人口,要加快推进以县城为重要载体的城镇化建设,持续优化营商环境,打好县域发展攻坚战和整体战,促进县域经济突破性发展。

要全面推进乡村振兴,坚持"守底线""上层次"并举,持续巩固拓展脱贫攻坚成果,持之以恒推进农业产业化,建设大基地、育引大龙头、打造大品牌、实施大创新，做强十大重点农业产业链，以农业产业化强起来，让农民荷包鼓起来，不断提高城乡居民收入，逐步推进共同富裕。

【解读：提出了加快形成"强核、壮圈、带群、兴县"多点支撑、多极发力的发展格局的具体构想，并分别就其核心内容做了阐述。既有战略上的高度，又有具体发力点。文稿这样写，分类清晰，层次清楚，具体明确。】

### 三、保持"拼、抢、实"的状态和作风，作出更大努力、跑出更快速度、干出更高效率，奋力实现"开门红"，确保再续精彩

要知重负重、担责担难，切实增强责任之心、为民之心、兢慎之心、敬畏之心，强化协同意识，完善工作机制，抓好工作落实。

要接续奋斗、笃行不怠，从全局谋划一域、以一域服务全局，一锤接着一锤敲、一仗接着一仗打，干一件成一件。

要保持"拼、抢、实"的状态和作风，作出更大努力、跑出更快速度、干出更高效率，奋力实现"开门红"，确保再续精彩。

【解读：用一个部分，专门对精神状态提出具体要求。战略实施需要良好的精神状态，有了良好的精神状态才能创造性地推动工作，克服可以预见或不可预见的困难。】

这个讲话之所以能够引起较大反响，主要就在于观念出新、观点出彩、结构出巧，反映出讲话人对全省发展战略的深度思考、总体谋划，也表达了强力推进战略实施的决心与力度。谋划上既继承以往，又站在新的战略高度上，更加切合省情实际和经济发展的一般规律，颇有新意、实意，更见讲话人和文稿起草者的理论功底、实践功底。

有时候，形成原创性的观点，还需要坚持系统谋划，以持续的连贯

性观点组合，形成"观点链"，产生强有力的冲击效应。比如，习近平总书记连续九年新年贺词中的"人民"情怀，就是完整系统的"人民至上"理念的持续阐发。2017年湖北省政府换届后，2017、2018、2019连续三年，在省"两会"结束后的省政府全体会议上，省长分别讲了"五个干"（上下同欲对标干、突出重点精准干、撸起袖子加油干、遵循规律科学干、扑下身子务实干），"五张卷"（政治卷、发展卷、改革卷、民生卷、作风卷），"五个敢"（敢字当头、敢闯敢干、敢为人先、敢于斗争、敢于担当）。这个"五字系列"，每一篇都产生了较大影响，主要观点都被《人民日报》选载。在文稿起草上连续的系列操作，也成功地培养起了一个观点"需求链"，以至于每年这个时间节点，人们对省长要讲什么都很期待。类似的现象如《南方周末》每年的新年献词、前些年华中科技大学校长"根叔"（李培根）在毕业典礼上的讲话，每年都被广泛期待，都成了热门话题。推动形成这种现象，既塑造了领导的良好形象，也放大了讲话的效果。

这里选取的例文，是时任湖北省省长王晓东在 2018 年 1 月 30 日省政府第一次全体（扩大）会议上的讲话。

## 当好新时代的答卷人

"两会"胜利闭幕，意味着新一届政府的"赶考"正式开启。本届政府受任于决胜全面建成小康社会关键期，奉命于全面建设社会主义现代化强省开局年。幸逢伟大时代，深感责重如山。党和人民把重担交给我们，既是莫大信任，更是巨大鞭策。习近平总书记指出，时代是出卷人，我们是答卷人，人民是阅卷人。我们要不负重托、不辱使命，跑好接力赛，当好新时代的答卷人。这里，我提五点要求，主要是"答好五张卷"，与大家共勉。

### 一、坚决答好新时代政治卷

习近平总书记强调："政治问题，任何时候都是根本性的大问题"。政府工作必须提高政治站位，始终旗帜鲜明讲政治。这要作为第一位的要求、第一位的责任。

坚定不移把坚持党的领导作为最高政治原则。党政军民学，东西南北中，党是领导一切的。党的领导是中国特色社会主义最本质的特征和最大优势。坚决维护习近平总书记的核心地位，坚决维护党中央权威和集中统一领导，这是最大的政治、最重要的政治纪律和政治规矩。我们要树牢"四个意识"，坚决杜绝"七个有之"，做到"五个必须"，始终在思想上政治上行动上同以习近平同志为核心的党中央保持高度一致，全面贯彻党的基本理论、基本路线、基本方略。锤炼对党绝对忠诚的政治品格，坚定理想信念"主心骨"，筑牢"四个自信""压舱石"，始终在党爱党、在党言党、在党忧党、在党为党。

坚定不移把习近平新时代中国特色社会主义思想作为行动指南。习近平新时代中国特色社会主义思想，是当代中国最伟大、最鲜活、最管用的马克思主义，是全党的根本指导思想和全体人民的共同意志，是我们做好一切工作的根本遵循。过去五年，湖北之所以能够取得历史性成就、发生历史性变革，最根本的在于以习近平同志为核心的党中央的坚强领导，在于习近平新时代中国特色社会主义思想的科学指引。对这一重要思想，我们必须始终作为党的旗帜来高举，作为科学真理来信仰，作为行动纲领来贯彻，落实到现代化建设全过程、体现到政府工作各方面。

坚定不移把贯彻中央大政方针和省委决策部署作为根本政治责任。事在四方，要在中央。自觉从大局看问题，始终心有中央、心向中央、心为中央。任何时候、任何情况下，都把贯彻落实党中央决策部署作为重大政治责任，决不以"改革创新"的名义标新立异、另搞一套，决不以"结合实际"为借口各行其是、各自为政。对党中央决策部署，做到坚决贯彻不走样、忠实执行不打折、狠抓落实不懈怠。始终坚持在省委领导下开展工作，自觉维护省几大班子的团结，共同营造良好政治生态。省政府所有组成人员都要自觉服从省委领导，带头遵守省委各项制度规定，重大事项及时向省委请示报告，重大问题及时提交省委研究决定。

## 二、坚决答好新时代发展卷

发展是我们党执政兴国的第一要务，高质量发展是新时代的一场大考，我们必须考出高水平、取得好成绩。党的十九大作出我国经济已由高速增长阶段转向高质量发展阶段的重大判断，经济发展正在从"有没有"向"好不好"转变，从"铺摊子"为主向"上台阶"为主转变。对湖北而言，这既是重大机遇，也是重大挑战。我经常讲，这是一场重新洗牌、是一场淘汰赛，跟不上形势、抓不住机遇，就会被淘汰出局。过去几年，我省发展尽管连续进位，但"湖北会不会掉下来"的发问，仍然时刻警醒着我们。我们要着力转变发展方式、优化经济结构、转换增长动力，在高质量发展竞争中抢占先机、赢得胜局。

把握"两总"。一要把握稳中求进工作总基调。这是治国理政的重要原则，也是做好政府工作的方法论。当前，湖北发展态势较好，但困难和问题也不少，特别是发展不平衡不充分问题还较为突出，地区、城乡发展分化明显，结构性矛盾没有根本缓解，经济下行压力仍然存在，民生领域还有不少短板。"逆水行舟用力撑，一篙松劲退千寻。"我们要保持清醒头脑，安不忘危、兴不忘忧，观大势、谋大局、抓大事，推动我省经济加快转向高质量发展。今年经济增长预期目标确定为7.5%，没有讲"左右"，就是底线要求。我们强调要克服"速度情结"，反对片面追求速度，但不是不要速度。必须保持经济运行在合理区间，不能出现大起大落。要正确处理好"稳"与"进"的辩证关系，该稳的坚决稳住、该进的坚决进取，推动经济发展在质的提升中实现量的有效增长。二要把握政府工作总要求。人代会通过的政府工作报告，就是新一届政府工作的责任状、任务书，必须不折不扣完成。报告提出的总体要求和目标任务，充分贯彻了党的十九大和习近平总书记视察湖北时的重要指示精神，充分贯彻了省第十一次党代会和省委十一届二次全会精神，充分贯彻了高质量发展的根本要求，我们要准确把握、坚决落实。

跨越"两关"。第一关，就是打好防范化解重大风险、精准脱贫、污染防治三大攻坚战，跨越非常规的阶段性关口。这是如期全面建成小康社会的关键之战，必须尽锐出战、统筹施策，补齐短板、加固底板，全力以赴、决战决胜。特别是要增强忧患意识，一以贯之防范风险挑战。"凡事不患难，而患无备。"疏于防范，就是最大的风险。尽管我省风险总体可控，但不代表风险隐患不大，事实上有的地方、有的领域还比较突出。必须坚持底线思维，从最坏处着眼，做最充分准备，确保跑在风险前面，坚决守住不发生系统性风险底线。当前，要把防范化解财政金融风险摆在突出位置，下好先手棋、打好主动仗，既防"黑天鹅"，也防"灰犀牛"。防范化解风险，必须坚持"谁家的孩子谁抱走"，各守其位、各尽其力、各负其责，坚决看好自己的"一亩三分地"。第二关，就是加快推进质量变革、效率变革、动力变革，跨越常规的长期性关口。这是推进高质量发展的根本路径，必须坚持质量第一、效益优先，不断提高全要素生产率，加快建设现代化经济体系，增强我省经济创新力和竞争力。具体讲，重在抓好"一线五点"，也就是坚持以供给侧结构性改革为主线，突出振兴实体经济着力点，突出创新驱动发展支撑点，突出"互联网＋"新生点，突出乡村振兴发力点，突出区域协调发展关键点，以精准有效的举措，把高质量发展往实处做、往深处做，显著增强湖北经济质量优势。

赢得"两山"。绿水青山就是金山银山，我们要用环境治理留住绿水青山，用绿色发展赢得金山银山。湖北承担着极为特殊的重大生态责任，必须坚决贯彻长江"共抓大保护、不搞大开发"，坚决落实生态优先、绿色发展要求，决不允许口头上高唱绿水青山，背地里大搞"黑色增长"。要穿"新鞋"、走"绿道"，高举"绿色指挥棒"，守好"绿色责任田"。加快形成绿色思维方式、领导方式、发展方式、生活方式，健全绿色政绩考核体系和环保督察长效机制，以硬制度确保硬落实。良好的生态环境是最普惠的民生福祉，是面向未来的最大竞争力，是一个地方最亮丽的名片。要提供更多优质生态产品，不断满足人民群众对优美生态环境的需要。抓紧抓实"四个三"重大生态工程，让人民群众真切感受到环境改善的明显变化，拥有更多生态幸福感。

### 三、坚决答好新时代改革卷

事业发展出题目，深化改革做文章。今年是改革开放40周年，最好的纪念方式，就是更大力度把改革开放向纵深推进。必须思想再解放、改革再深入、工作再抓实，奏响将改革进行到底的时代强音。

用政府自我革命增添市场活力。市场活力的源头，在于市场在资源配置中起决定性作用和更好发挥政府作用。衡量政府作用发挥得好不好，也要看是否有利于市场在资源配置中起决定性作用。深化改革，必须正确处理政府与市场的关系，核心是刀刃向内、自我革命，在政府职能转变上迈出决定性步伐。去年，我省市场主体总户数创历史新高，企业类市场主体突破百万，但"四上"单位数在全国、中部的位次均下降1位；我省市场主体总量刚过江苏的一半，新登记市场主体增速比江苏低9.7

个百分点。差距形成的原因是多方面的，但政府职能转变不到位、营商环境还有差距，是不容忽视的重要因素。资本是有"脚"的，一个地方的营商环境获"差评"，投资就会"望而却步"，现有企业也可能"拔腿就走"；只有"好评度"高，市场主体才会蜂拥而至，才会如雨后春笋般蓬勃生长。本届政府要以更强决心、更大力度、更实举措，持续深化"放管服"改革，着力营造国际化、法治化、诚信化、便利化环境，在打造营商环境新高地上实现更大作为。

用全方位开放倒逼深层次改革。改革与开放从来相伴而生、相互影响。越是高水平开放，越能更充分暴露体制机制积弊，越能更充分激发深层次改革的动力。凡是改革更深化的地方，毫不例外开放程度都更高。凡是在改革上束手束脚、迈不开步子的，往往既不敢开放，也不善开放。开放不够是我省的突出软肋。这些年，我省之所以很多体制机制障碍没有实质性突破，就是因为思想解放不够、对外开放不够，没有形成开放对改革的压力传导。改革进入攻坚期，面对大量难啃的"硬骨头"，更需要以全方位开放倒逼深层次改革，更大力度突破内陆意识局限，更大力度突破体制机制障碍，更大力度以法治化、市场化手段破解难题。

用革命精神将改革推深做实。改革是一场深刻革命。回顾40年的改革历程，每一次重大改革都不是敲锣打鼓、轻轻松松完成的。改革推进到今天，比认识更重要的是决心，比方法更重要的是担当。停顿和倒退没有出路，松口气、歇歇脚就会被动。必须发扬敢于斗争、敢于胜利的革命精神，向一切懈怠思想、畏难情绪开战，向一切松弛作风、散漫行为开战，向一切陈规陋习、顽瘴痼疾开战。高质量发展要走在前列，必须在深化改革上走在前列。在座的都是"关键少数"，要逢山开路、遇水架桥，真刀真枪抓改革，争当改革促进派、实干家。

### 四、坚决答好新时代民生卷

为政之要，民生至上。我们必须始终牢记自己的第一身份是人民公仆、第一职责是为人民服务，始终把人民放在心中最高位置，用心书写为民答卷。

坚持以造福人民为最大政绩。习近平总书记一再强调，为什么人的问题，是检验一个政党、一个政权性质的试金石。政府工作必须把为人民创造美好生活作为始终不渝的奋斗目标。我在政府工作报告中，40多次提到"人民""群众"，就是提醒大家，为官一任，要造福一方。对领导干部来说，秉持一心为民的公仆情怀，始终坚持干事创业为民，既是职业的要求，更是做人的境界。要牢固树立正确政绩观，把为人民谋幸福作为根本追求，以民忧为己忧，以民盼为己盼、以民乐为己乐。坚持"功成不必在我"，多做打基础、管长远、利大局、惠民生的工作。坚持"建功必须有我"，尽心竭力帮群众解难题、为群众增福祉、让群众享公平。

坚持以解决群众最急最忧最怨的问题为最大着力点。紧紧抓住人民群众最关心最直接最现实的利益问题，尽力而为，量力而行，一件接着一件办，一年接着一年干，着重在幼、学、劳、病、老、住、弱"七个有所"上用力。坚持问政于民、问需于民、问计于民，寻求最大公约数，画好最大同心圆，最大限度激发全省人民的积极性、主动性、创造性。对保障和改善民生的事，政府工作报告已作出安排部署的，要按照任务分解方案，全力推进，确保落实。凡是人民群众普遍关注、反映强烈的事情，都要高度重视，认真对待，尽力解决，努力让改革发展成果更多更公平惠及全省人民。

坚持以人民满意为最高标准。习近平总书记强调，人民是我们工作的最高裁决者和最终评判者。"考卷"答得好不好，人民最有发言权，哪些事该干哪些不该干，哪些事先干哪些后干，事情该怎么干、干得怎么样，都要以人民拥护不拥护、赞成不赞成、高兴不高兴、答应不答应为价值尺度和基本标准，都要看一看人民群众是否真正得到了实惠、权益是否真正得到了保障。我们要坚持把人民群众的小事当作自己的大事，从人民群众关心的事情做起，从让人民群众满意的事情做起，在增进民生福祉中践行为人民服务根本宗旨。

## 五、坚决答好新时代作风卷

新时代要有新气象新作为。好作风就是好气象、好形象，有好作风才有新作为。政府作风建设永远在路上。

满怀激情干事业。习近平总书记指出，激情是一种可贵的工作状态和工作品质，往往能最大限度地发挥创造潜能。领导干部提振干事创业精气神，群众就会感到更有希望、更有盼头。未来五年，是"两个一百年"奋斗目标的历史交汇期，也是湖北极为难得的重要战略机遇期，我们大有可为，也必须大有作为。要始终有一种等不起的紧迫感、慢不得的危机感、坐不住的责任感，始终保持锐意创新的勇气、敢为人先的锐气、蓬勃向上的朝气，以时不我待、只争朝夕的精神，撸起袖子加油干，奋力交出无愧于时代、历史和人民的答卷。

持之以恒纠四风。习近平总书记强调，纠正"四风"不能止步。党的十八大以来，政府作风明显好转，但形式主义、官僚主义等问题仍然不容忽视。比如"门好进、脸好看、话好听、事难办""不贪不占也不干""材料政绩""责任书成了免责单""表态多调门高、行动少落实差"等。这些看似新表现，实则老问题，充分说明"四风"问题具有顽固性、反复性。改进作风上，习近平总书记为我们作出了表率。十八大以来，习近平总书记到基层考察调研51次、累计152天，走的最多的是贫困地区，访的最多的是困难群众，聊的最多的是寻常家事。我们要向习近平总书记看齐，扑下身子、沉到一线，"能到现场就不要在会场"，把情况搞透、把思路搞准、把举措搞实。坚持问题导向，下足"绣花"功夫，一个节点一个节点坚守，一个问题一个问题突破，不松劲、不停步、再出发，把作风建设不断推向深入。

一刻不停强本领。能力和本领是干事成事的基础。一个人过去有能力，不代表现在有能力；在过去的岗位上能力强，不代表在新岗位上能适应。事业发展没有止境，学习就没有止境。进入新时代、面对新挑战，能力危机普遍存在，本领恐慌日益加深。推进高质量发展，关键要有高素质干部队伍。我强烈地感受到，与发达地区相比，我省干部队伍专业化、精细化水平的差距是明显的。解决问题的唯一途径，就是坚决落实好习近平总书记"来一次大学习"的要求，自觉到"新时代湖北讲习所"充电加油。要攥紧习近平新时代中国特色社会主义思想这把金钥匙，把学懂弄通做实新思想作为头等大事，做到学思用贯通、知信行统一。全省政府系统要大兴学习之风，把学习当作一种神圣职责、一种精神境界、一种终身追求，学以铸魂、学以提能、学以致用。像海绵吸水一样掌握新知识、熟悉新领域、开拓新视野，切实增强"八种本领"，全面提高领导能力和治理水平。

锻造铁肩勇担当。一个时代有一个时代的使命，一届政府要有一届政府的担当。处在经济发展方式转变、体制转轨、社会转型的关键时期，面对艰巨繁重的改革发展任务，最不可或缺的是担当，最难能可贵的是担当。"为官避事平生耻"。能干事、敢担当、有作为，这是领导干部的立身之本、从政之要，也是评价一名领导干部思想境界高低的标尺。我们必须责任在心、担当在肩，敢担当、善担当。做敢于涉险滩、破坚冰的"冲锋陷阵者"，做该出手时就出手的"敢于亮剑者"，做敢啃硬骨头、敢闯地雷阵的"勇于改革者"，做苦干实干、不计得失的"无私忘我者"。各级领导干部都要以上率下、履职尽责，争当主攻手，画好工笔画，创造新业绩。

踏石留印抓落实。习近平总书记强调，事业是干出来的，幸福是奋斗出来的。目标任务如果只是写在纸上，不去抓落实，就是一张废纸。口号喊得响亮，不如把事办得漂亮。坚决不搞花拳绣腿、光说不练，坚决不搞高高举起、轻轻落下，坚决不搞上有政策、下有对策。决策部署的生命在于执行。必须不驰于空想、不骛于虚声，事事马上办、人人钉钉子。以重要时间节点为工作坐标，把中央和省委重大决策部署具体化、项目化、工程化，以真抓的实劲、敢抓的狠劲、善抓的巧劲、常抓的韧劲，步步踏实，善作善成。

打铁必须自身硬。坚决落实习近平总书记"五个过硬"要求，全面从严抓好政府系统管党治党。坚决贯彻中央八项规定精神和省委实施办法，坚决执行国务院"约法三章"。扎实推进"两学一做"学习教育常态化制度化，认真开展好"不忘初心、牢记使命"主题教育。着力建设法治政府、廉洁政府，切实把权力关进制度的笼子里，让权力运行在法治轨道上。始终做到为民用权不谋私、依法用权不任性、谨慎用权不放纵、担责用权不失职。廉洁是底线、红线、高压线。我们要带头清清白白做人、干干净净做事、堂堂正正做官，让清正清廉清明成为本届政府的鲜明底色。

最后，强调一下岁末年初的几项重点工作：（略）。

【解读：这是一篇特色鲜明的讲稿，让人印象深刻。一是"答卷人"这个主题，源自当年习近平总书记的新年贺词："时代是出卷人，我们是答卷人，人民是阅卷人"。二是政治站位高，时代感强，一下拉近了演讲者与听众的距离。三是清晰阐明了"答卷人"具体应该答什么卷，这是对习近平总书记重要讲话精神的贯彻落实。四是讲话中有许多有特点的归纳，体现出讲话人的个人风格，让人有耳目一新之感。这篇讲话稿的主要精神，被《人民日报》记者看中，选编后公开发表。参见如下。】

# 答好新时代"五张卷"

做敢于涉险滩、破坚冰的"冲锋陷阵者"，做该出手时就出手的"敢于亮剑者"，做敢啃硬骨头、敢闯地雷阵的"勇于改革者"，做苦干实干、不计得失的"无私忘我者"。

习近平总书记指出，时代是出卷人，我们是答卷人，人民是阅卷人。我们新一届省政府要不负重托、不辱使命，跑好接力赛，当好新时代的答卷人，用奋斗姿态交出让党和人民满意的答卷。

坚决答好新时代政治卷。政府工作必须提高政治站位，始终旗帜鲜明讲政治。这要作为第一位的要求、第一位的责任。坚定不移把维护习近平总书记核心地位和党中央集中统一领导作为最高政治原则，坚定不移把习近平新时代中国特色社会主义思想作为行动指南，坚定不移把贯彻中央大政方针和省委决策部署作为根本政治责任。任何时候、任何情况下，都把贯彻落实党中央决策部署作为重大政治责任，决不以"改革创新"的名义标新立异、另搞一套，决不以"结合实际"为借口各行其是、各自为政。

坚决答好新时代发展卷。发展是我们党执政兴国的第一要务，高质量发展是新时代的一场大考，我们必须考出高水平、取得好成绩。要把握稳中求进工作总基调，正确处理好"稳"与"进"的辩证关系，该稳的坚决稳住、该进的坚决进取，推动经济发展在质的提升中实现量的有效增长。打好防范化解重大风险、精准脱贫、污染防治三大攻坚战，加快推进质量变革、效率变革、动力变革。坚决贯彻长江"共抓大保护、不搞大开发"要求，坚决落实生态优先、绿色发展要求，穿"新鞋"、走"绿道"，高举"绿色指挥棒"，守好"绿色责任田"。

坚决答好新时代改革卷。必须思想再解放、改革再深入、工作再抓实，奏响将改革进行到底的时代强音。要用政府自我革命增添市场活力。资本是有"脚"的，一个地方的营商环境获"差评"，投资就会"望而却步"，现有企业也可能"拔腿就走"。本届政府要以更强决心、更大力度、更实举措，持续深化"放管服"改革，在打造营商环境新高地上实现更大作为。开放不够是我省的突出软肋，要用全方位开放倒逼深层次改革。改革推进到今天，比认识更重要的是决心，比方法更重要的是担当，要用革命精神将改革推深做实。

坚决答好新时代民生卷。坚持以造福人民为最大政绩。对领导干部来说，秉持一心为民的公仆情怀，始终坚持干事创业为民，既是职业的要求，更是做人的境界。坚持以解决群众最急最忧最怨的问题为最大着力点，坚持以人民满意为最高标准。哪些事该干哪些不该干，哪些事先干哪些后干，事情该怎么干、干得怎么样，都要以人民拥护不拥护、赞成不赞成、高兴不高兴、答应不答应为价值尺度和基本标准，都要看一看人民群众是否真正得到了实惠、权益是否真正得到了保障。

坚决答好新时代作风卷。新时代要有新气象新作为。好作风就是好气象、好形象，有好作风才有新作为。满怀激情干事业，持之以恒纠"四风"，一刻不停强本领，锻造铁肩勇担当，踏石留印抓落实。做敢于涉险滩、破坚冰的"冲锋陷阵者"，做该出手时就出手的"敢于亮剑者"，做敢啃硬骨头、敢闯地雷阵的"勇于改革者"，做苦干实干、不计得失的"无私忘我者"。始终做到为民用权不谋私、依法用权不任性、谨慎用权不放纵、担责用权不失职，让清正清廉清明成为本届政府的鲜明底色。

　　——湖北省省长王晓东日前在省政府第一次全体（扩大）会议上说

（记者 禹伟良整理）

（登载于《人民日报》2018 年 02 月 02 日 05 版）

## 2.4 讲话稿过关，主攻手上位

　　起草讲话稿，是可以为写手赢得功劳、建立功勋，甚至树立功德的。一个好的讲话稿，有可能对工作的推动形成强有力的促进作用。同时，就个人成长来讲，许多人就是在这个岗位上，获得了极其难得的领导工作实战训练，因此具备了超越一般文稿写手的能力和水平。从这个意义上讲，尽管起草讲话稿的考验比较大，但收益也是很大的。

　　孔子十分推崇"君子不器"，作为其心目中具有理想人格与标准的君子，不能像器具一样，只有一方面的用途。君子应该担负起治国安邦的重任，对内可以处理各种政务，对外可以应对四方、不辱使命。文稿写作岗位是能够提供这样的历练机会的。

　　起草讲话稿对于文稿写手的重要性，除了在于因领导活动对讲话稿需求量大而被格外重视以外，更在于起草讲话稿对写手能力的考验之大远远超出了起草其他文稿。

　　当年，李瑞环的讲话很受欢迎，大家都爱听。他的讲话站位高，又接地气。他善于运用群众语言，通俗而不失深刻，深入浅出地阐述理念、讲明道理。他认为，领导干部的讲话，不单纯是文字问题，而是对事物的看法、对客观规律的认识、对改造世界的意见，不是说着顺嘴就行。这就揭示出了领导讲话的本质要求。具体而言，评价一篇讲话稿好与不好，就要看其对客观形势是否做到了科学分析、精准判断、准确把握，对工作中存在的突出问题和严峻挑战是否透彻揭示、全面评估、靶向出招，对涉及千家万户的千头万绪之事是否深切关注、切实关照、积极解决等。这些看似是对讲话稿起草者的要求，实则处处考察检验的都是使用这个讲话稿的领导。

考察一名领导干部，实绩是最重要的标准，言行也是重要参考。一篇讲话稿，就能在一定程度上体现出一个领导干部的政治意识、理论水平，也能体现出制定和执行政策的能力与水平，同时还是对当事者观察问题、分析问题和解决问题能力的考验与检验。千万不要小看领导干部驾驭语言文字的能力，正所谓"言为心声"，肚子里有墨水，腹中有诗书，才能口若悬河、头头是道、言之成理。如果都是些"刘项原来不读书"的角儿，官当得再大形象也好不到哪儿去，综合素质也高不到哪儿去。

在一个专门以起草文稿为主要职责的单位或部门，如果没有独立起草过重大会议的讲话稿，是算不上真正成熟的文稿写手的。成为一个合格的文稿写手，须具备起草多种文稿的能力，"十八般武艺，样样都会"。但要想成为一个好写手，不仅要能力全面，没有明显短板，还必须特长突出，有自己的"独门绝技"。也就是说，面对任何类型的文稿都要拿得下，同时对某一种或几种文稿更为擅长。但最能体现一个文稿写手全面功底的，还是起草讲话稿的水平。在单位中，总会存在一些这样类型的文稿写手，无论是讲话稿、理论文章、调研报告，还是致辞慰问文稿、推介交流文稿、汇报材料，写起来都能得心应手。但如果其优长领域不在起草讲话稿方面，即使被称为好写手，也显得底气不足、难以服人。换言之，如果讲话稿写得好，领导把讲话稿交给某些人更放心，这类人必定被公认为文稿起草的主攻手，即使其他方面的文稿他们写得不多，也不影响公认的结论。

评价一个文稿写手的综合水平如何，一般来说，看他写的讲话稿质量怎么样就差不多够了。一般来说，讲话稿写作能力强，其他方面文稿写作能力也不会弱。讲话稿真正写得好的人，既是"多面手"，写什么类型的文稿都能胜任，并能写出令人满意的效果；也是"特长手"，在某些方面有着鲜明的专长和优势，关键时候总能顶得上、干出彩。能成为"多面手"又是"特长手"的，自然同时也是文稿写作工作的"主攻手"。这种人在任何一个单位都是十分稀有而又被高度倚重的。

# 第三问

综合类大稿顶着"大半个天",写手如何撑起这片天?

在文稿写作圈子中，流传着这样一个说法："得综合者得天下。"就是说，能够把综合类文稿写好的，在写手行当中也就基本上赢得了自己的位置、站稳了脚跟。统计任何一个单位的文稿任务量，不会有意外，综合类文稿数量是最多的。从工作的挑战性看，综合类文稿从来都是驾驭难度比较大的，因而很能考验写手的功底。"能力最强者干最难的事"，对一个文稿写手而言，能够较好地承担起综合类文稿的起草工作，基本上就在这个单位的文稿写作岗位上占据了"天王山"，成为该单位文稿起草的挑大梁者，从而当起"当家花旦"。

# 3.1 综合类文稿与综合类大稿

从广义上讲，党政机关、企事业单位时常运用的事关全局工作的文稿，都可以被称为综合类文稿。但如此不加区分地将这类文稿全部纳入本书研究、关注的范畴，显然没有必要。因此，这里提出了"综合类大稿"的概念，以期将综合类文稿中最主要、最难以把握的那一部分区分出来，单独加以分析。

所谓综合类大稿，就是全面体现领导工作方方面面的相关文稿，主要包括领导讲话、工作报告、工作总结、工作交流、署名文章，等等。综合类大稿之"大"，主要是指其包罗广、涵盖宽、涉及深，具有宏观性、系统性、全面性、复杂性等鲜明特征。这就决定了这类文稿的起草工作，不是单一或者少数部门能够承担得了的，必须由综合部门主导、多部门协同、众多写作好手参与，打总体战、整体战。党代会报告和政府工作报告，是最具代表性的综合类大稿，起草这样的报告，往往会抽调党、政、军、学、研等方方面面的精兵强将，进行集团会战，发挥多方力量共同协力完成。挂帅的往往是党政主要领导，具体操刀的是党委、政府的政策研究室或研究室。

比如，党的十九大、二十大报告起草组就是由习近平总书记亲自挂帅的。地方党委的党代会报告，也由党委书记担任起草负责人。政府工作报告则由政府主要领导人亲自负责起草工作。这样安排，既体现所起草的报告是党委、政府的意志，也是为了更方便地配置资源、集中智慧和力量，从而有利于起草出更高质量的报告。

应该看到的是，由于文稿起草工作的特殊性，即使是组织各方力量协同作战起草综合类大稿，也不会抹杀能力突出的文稿写手所作出的特殊贡献。文稿起草班子中总要有挑大梁者，在这个班子中发挥核心骨干作用。核心骨干的水平，往往代表着文稿起草班子的最高水平，发挥好他们的作用，很多时候比组织更多的人更管用。文稿写手都明白的一个事实，就是起草文稿不比"打群架"，并不是人越多越好，很多时候反而是人越精干越能干得出色。一般来说，单位都会设置综合类岗位，以应付综合类的工作，包括负责综合类文稿的起草。综合类文稿起草工作，需要掌握全面情况、熟悉多种业务的"通才型"写手。稿子越大，对这类写手的要求越高。因而"通才型"文稿写手到哪里都是比较吃香的。

## 3.2 以"俯瞰式"站位，把握综合类文稿起草的主动权

观察视角决定视野宽度，站位高度决定整体把控效果。起草综合类大稿，对应的基本要素是全局、全面、全系统、全方位、全领域，这就需要站在宏观制高点上，进行全局性观察、战略性谋划，这是一种站位高峰的"俯瞰式"布局和安排。站高俯瞰，更有利于观察全景、看清全局，更有利于把握宏观、掌控大局，从而在战略视野上不留盲区、不留死角、不留空白。

　　杜甫的名篇《望岳》中有："会当凌绝顶，一览众山小。"诗中包含着朴素而深刻的哲理。登高更能望远，只有攀上顶峰，才能更好地俯视一切，才更有可能获取卓然独立的感知。对文稿起草者来说，在这样的站位上俯瞰目标对象，能更好地了解全局、把握全局，从而写出厚重大气的精品文稿。

　　"俯瞰式"站位，就是让自己尽量站在更高处，居高临下，更好地对特定的目标对象进行360度无死角审视，目力所及，皆清晰呈现，从而全面、系统地把握宏观、把握全局、把握整体，精准把脉面临的主要矛盾和矛盾的主要方面，精准制定化解矛盾的策略方案和具体办法。古人讲"不谋全局者，不足谋一域""致广大而尽精微"。作"俯瞰式"安排的关键，是从战略的高度，把准脉动，掌握主动。

　　要从大处着眼，在大局中精准定位。大局指向的是根本，是方向。习近平总书记指出："领导干部要胸怀两个大局，一个是中华民族伟大复兴的战略全局，一个是世界百年未有之大变局，这是我们谋划工作的基本出发点。"这是对领导干部的要求，自然也是文稿起草的标准。文稿起草的布局谋篇、主题框架，不应仅被视作是文章构架的设计安排，还必须体现出高远立意，把握要害。文稿的思想、观点必须充分表现大局、反映大局，并且直接体现在工作的方方面面。全面反映领导工作的综合类大稿，尤其要放在大局中做全景式的系统谋划。

　　文稿谋划，既包含着将领导对工作的谋划以文字的形式反映出来，并用恰当的方式向外传导，以此影响受众，使之接受、支持，推动实施；也包含着将领导对工作的思考谋划进行系统化的完善和提升，这实际上具有再谋划、再深化的性质。因此我们常说，好的文稿写手是领导脑的延伸、眼的延伸、耳的延伸、手的延伸、腿的延伸，本质上是领导工作思想和领导意志的延伸。这本身就属于领导决策体系中不可或缺的重要环节之一。

古语讲:"先谋于局、后谋于略,略从局出。"显然,把握大局更为重要。谋局,就是要明确大局态势,把握总体趋势;明确自身的处境状况,在大局中精准定位,做到既知彼,也知己。谋略,就是要根据自身在大局中的位置,制定出最佳的战略战术方案,精准出击。战略高手高度重视"略从局出",体现的是强烈的宏观意识、全局意识。大局看不清,定位就不会精准,谋略也高明不到哪儿去。只有在宏观和全局中把握自己,才不至于在原则性、方向性、战略性上出现迷茫。文稿起草中,只有把握住了这一内在要求,才会有高度、扎得深、站得住。

如何精准定位呢?习近平总书记告诫我们,要"从世界看中国、从全局看局部、从未来看当下"。这是教给我们从多维时空中进行战略定位的思维方式和思想方法。具备全球的视野、全局的视角、未来的眼光,就不至于在纷乱中迷失、在迷失中错乱。用我们传统的思维方式,更习惯于从中国看世界、从局部看全局、从当下看未来,很容易片面化,导致"只见树木,不见森林"。

思维方式的转变是根本性的转变。从领导工作上讲,在战略谋划上要先人一步、高人一筹,就要从转变思维习惯开始。不仅要习惯于"由此及彼",也要善于"由彼及此";不仅要习惯于"由近及远",也要善于"由远及近";不仅要习惯于正向推理,也要善于逆向反推。如果要做一个具有创新思维的有心人,不妨经常尝试一下,转换一种方式观察和思考问题,可能会因此获得更多意想不到的收获。

文稿起草亦同理。"肯取势者可为人先,能谋势者必有所成",把握大局,才能准确识势、辨势、取势。在大局中精准定位,文稿的主题主线才能体现出应有的宏观意识、战略谋划,才能抓住主要矛盾和矛盾的主要方面，在基调上不跑偏、不走调，在举措上既务实、又精准，在行文上有气势、不做作。宋代刘将孙提出过"文以理为主，以气为辅之"的观点，放在当代来理解，仍有很强的现实意义。"势"是文稿最大的"理"和"气"，从根本上讲，在"取势"上做得怎么样，直接反映出对宏观、全局、整体的战略把握怎么样。"取势"不到位，文稿的"理"就很难讲得透，"气"也上不来。

要从小处着手，在具体中把握现实脉动。认清大局、把控局势，需要从大处着眼，以宏观视角把握整体和大势。了解现实，则必须具体化、细节化、精准化，不能大而概之。文稿起草，既需要从宏观上勾画出总体轮廓，也需要以小见大、见微知著，于细微之处洞察全局变化，在细节中把握现实脉动，从小处见真章。

所有的问题都在现实之中，所有问题的答案也在现实之中。毛泽东指出："离开现实，任何主义都是鬼主意。"如果说领导工作必须致力于出主意、给方法、找出路，那也必须基于现实问题提炼升华而生成，凭空想象提不出真主意、好主意，反而很可能会出馊主意、馊主意。

现实都是具象的，形成思想和观点，需要进行抽象、归纳、提升，凝练成具有规律性特征的东西。文稿作为领导工作的文字呈现形式，不能仅仅停留在反映具象的阶段，一定要体现规律、反映规律、抓住规律，引导受众从现实前瞻长远、从局部把握全局、从现象透视本质。

要从变化着墨，在应变中靠前思谋。白居易在《与元九书》中说："文章合为时而著，歌诗合为事而作。"翻译成白话，就是文章应该为时代而著述，诗歌应该为现实而创作。这句话不仅是对诗文而言的，其主旨与文稿起草的规则和要求也很对路。

"合时"，就是顺应时代、符合时势、切合时机，要因时而发、因时而动、因时而变、踏准节拍。"合事"，就是与事实相合、与事件相符、与解决突出矛盾和问题以推动事物发展的要求相一致。好文章,既要"合时",也需"合事"。要在合乎时宜的时机、场景里,有着明确的指向、具体的针对对象,高度契合现实中的人和事。不"合时"的文章,虚无缥缈,不着边际;不"合事"的文章,空话连篇,没有归宿。"合时"与"合事"是基本的文风要求,本质上就是"实"。文风体现作风,文风好反映作风实;文风不好的,细究其作风也基本上好不到哪里去。

领导工作的场景随时变化是必然的,领导对工作的想法和要求随机应变也是必然的。总之,变化是必然的,不变才是偶然的。文稿起草也就必须相机而变、创新求变、以变应变。

起草文稿在要求和事实上,都必须是紧跟、紧贴领导的。这当然不是人身依附,而是思想跟随、思维跟进、思路跟上,这是做好文稿起草服务的前提条件之一。如果不具备这个前提条件,服务者与被服务者不能做到同频共振,文稿起草就会被置于十分被动的状态,也就很难出高质量的文稿。

说到底,写手是供给侧,领导是需求侧。如果领导这个需求侧的想法、思路改变了,作为供给侧的写手必须及时跟上去、紧紧贴上去。只有以变应变,大胆求变,才有可能提高文稿服务的吻合度。供需双方随时无缝对接,实现良性互动,更有助于生产出好的文稿产品。

值得引起思考的是,作为供给侧的文稿写手,在文稿起草中跟随领导所变而作出的调整,都是滞后性的应变。如果时间节点没有对上,最佳时机没有把握住,往往被动应付的多,节奏跟不上趟,就很难达到理想的效果。服务贵在靠前,参谋必须超前。凡遇事,预则立,不预则废。靠前一步,就能争取主动;落后半步,可能处处被动。文稿起草涉及的重要方面总会有变化,但也总有一定的相对稳定性。变与不变,均有规律可循,掌握规律、运用规律、按规律办事,就会举重若轻,轻松自如地应对面临的一切变化。如果能够靠前思考与谋划，尽可能多发"信号弹"、少放"马后炮"，就有助于减少被动，化被动为主动，掌握文稿起草的主动权。

## 3.3 偷师学艺（一）：从范文中领会综合类大稿的写作技法

最具代表性的综合类大稿，莫过于大型综合性会议的重要讲话。就党委系统而言，主要是五年一度的党代会报告、每年不少于一次的党委届中全会讲话，现在的经济工作会议也是以党委的名义召开的。就政府系统而言，主要有一年一度的政府工作报告。经济工作会议虽然以党委的名义召开，但政府主抓经济工作，其主要负责人在经济工作会议上的讲话也一直是重头戏。目前，在党政口，这两类讲话稿的起草如果能够过得了关，完成好其他综合类文稿理应不在话下。

范文是最好的老师，是不收学费的师傅。范文就摆在那，谁愿意学都可以，不需要去拜师，也不需要去问人家"愿意不愿意"。因此，我们不妨把跟着范文学习作为重要的学习方式，姑且称之为"偷师学艺"。

虽说"文无定法"，但"文有其宗"，写作规律是客观存在的。这些规律是一代又一代文稿写手通过艰苦探索、长期积累、归纳提炼而来的，后来者要"登堂入室"，绕不开对规律的掌握和运用。范文就是对文稿写作规律的最好运用和承载，跟着范文学习文稿起草，是提高写作能力的捷径。凡初学者，没有不跟着范文学习写作技法的。即使是文稿写作高手，也无不以得到美文观慕而喜，这里面除了有"奇文共欣赏"的雅趣，更重要的恐怕还在于学习借鉴，以"拿来主义"充实自己文稿起草的"工具箱"，让里面的"工具"更丰富一些。因为写手们都懂得，只有不断学习的"高手"，没有不学习的"天才"。停止学习，不仅意味着停止进步，实质上是在退步。

这里，以政府工作报告的起草为例，分析一下综合类大稿的写作路径。

在我国，人民代表大会是国家的权力机关，全国人民代表大会是最高国家权力机关，地方人民代表大会是地方国家权力机关。国家行政机关由作为国家权力机关的人民代表大会产生，政府必须依法对人大负责并报告工作、接受监督。明确这一点，才能弄清楚、搞明白政府工作报告的性质、立场和起草的态度、方法。

无论在国家层面，还是在地方层面，政府工作报告都是每年"两会"的关注焦点。各级政府用这种方式向人民报告"成绩单"和"计划书"，并接受监督。报告起草是一个复杂过程，通常自上年底开始筹备，起草过程中，汇集各方智慧，听取各方意见，反复修改打磨。各级党委从加强领导的角度也会对报告的起草提出明确要求和指导意见。由政府主要负责人在人民代表大会上作报告，提请人大代表审议和政协委员讨论，形成的意见再反馈给政府充分吸纳，力求报告内容和各方诉求高度吻合。最终由人大代表表决通过报告。

政府工作报告模式比较固定：报告上一年的政府工作情况和下一年的工作安排，提请人民代表大会审议通过，然后由政府实施。如果是换届之年的报告，就要报告上一届政府的工作情况和下一届的工作安排部署。正是由于模式固定、涵盖面广、程序复杂，还必须最大限度地照应所有人的关切，使得政府工作报告起草难度较高。毫不夸张地讲，一个合格的政府工作报告，必须让每一个人都能在其中精准找到自己，让每一个地方、每一个部门都明确自己要干什么。仅这一点就非同小可，决定了要起草一个得到人们广泛认同并点赞的政府工作报告，是相当不容易的。

2020年湖北省第十三届人民代表大会第三次会议上的政府工作报告，获得代表们高度肯定，以没有一张反对票的结果通过表决，刷新了历史纪录。这里，就以此报告为范例，做粗略解读。

这个报告全文1.4万余字，在全国同类报告中属于较短篇幅之一。但浓缩的都是精华，报告在遵循固定模式的同时，在架构布局、观点提炼、思路举措、行文措辞等方面，均匠心独运，相当考究，体现出比较高的水平。报告共分三个部分（节录时做了删减）：

## 一、2019年工作回顾

刚刚过去的2019年，极不平凡，极不容易。习近平总书记第三次考察湖北，更有力激发我们感恩奋进的澎湃热情。欢庆新中国70华诞，更有力激荡我们同心筑梦的硬核力量。这一年，我们遇到的困难比预料的多、挑战比预想的大，但取得的成效比预期的好，许多方面具有重要的标志性意义。

【解读：帽段起位很高，首先用了两个"极不"定性形势和成绩。接着点了两个最有影响力的事件：习近平总书记考察、欢庆新中国70华诞。并且用了两个"更有力"说明事件的影响。着墨不多，但点出了这一年的极其特殊性。对成绩的总体概括富有新意和冲击力："遇到的困难比预料的多、挑战比预想的大，但取得的成效比预期的好，许多方面具有重要的标志性意义"。这样的总结性概括令人印象深刻。关于成绩的定性一定要有高度，"标志性意义"就体现了这一点。同时对成绩的表述，要有强烈的对比度，困难大、挑战严峻，才更显成绩的来之不易。】

这是大事喜事精彩纷呈的一年。第七届世界军人运动会成功举办，习近平总书记亲自出席开幕式并高度肯定。张富清、黄旭华荣获"共和国勋章"。我省首次获得国家最高科学技术奖。地区生产总值突破4万亿元。

这是全面小康取得决定性进展的一年。困扰千百年的绝对贫困问题即将历史性解决!全面小康整体进度符合预期,千年梦想实现在望。

这是高质量发展形稳势好的一年。

这是发展成果更多惠及人民的一年。

【解读:用四个"一年"概括上一年政府工作的主要亮点,把一年中最靓丽的成绩集中摆出来,给代表一个总体概念和整体印象。文中专门点了几件载入史册的大事、两个杰出人物,既能对帽段定性以强支撑,也加重了"亲民"色彩,表明政府工作报告鲜明的"人民"特性。】

实践证明,习近平总书记对湖北的关怀厚爱,是我们前进的最大动力源!

【解读:这样一句话,既体现报告的政治性,又实现上下文的自然转折,十分巧妙地从报亮点过渡到总结具体做法上来。报告的政治站位与起承转合完美融合,确实是"高手"的技法。】

一年来,主要做了以下工作。

一是着力补短板固底板,三大攻坚战扎实推进。

二是着力稳增长保目标,经济运行保持在合理区间。

三是着力促改革扩开放,发展活力持续增强。

四是着力调结构促转型,质量效益稳步提升。

五是着力惠民生增福祉,人民群众获得感更加充实。

六是着力转作风提效能,政府自身建设进一步加强。

【解读：用六个方面的具体工作，回答总体成绩和四大亮点是如何取得的。与前面报亮点不同，这里主要报告政府所做的工作。这一部分常见的错误是只罗列了一堆工作素材，而看不出政府工作的思路、谋划，看不出政府工作的政治性意义；只见一个个具体事例，而不见人的积极作为，也不见思想和理念。这实际上就是毛泽东批评的只开"材料仓库"。如果只报了一堆情况，而看不出政府工作的主题主线，没有观点、没有灵魂，报告就是不成功的。】

回顾过去一年的工作，成之维艰，极其不易，根本得益于以习近平同志为核心的党中央坚强领导，得益于习近平新时代中国特色社会主义思想的科学指引，得益于省委的正确决策，得益于省人大、省政协的大力支持，得益于全省人民的奋力拼搏。

【解读："四个得益于"是常规套路，但用排比句增加了气势。】

各位代表！2019年是新中国成立70周年。70年来，勤劳、勇毅、智慧的荆楚人民始终与共和国同奋进、共成长，创造了经济快速发展和社会长期稳定的奇迹。奋进新时代，我们要万众一心加油干。

【解读：行文至此，特别加上了"新中国成立70周年"这一小段，文字不多，但能体现既讲政治，又完美向后面行文转换过渡的用心。新中国成立70年是重大时间节点，简单报一下70年的巨大成就，给报告整体加分很多。这一安排，在同时期的许多同类报告中不多见，这也体现了这个报告的独特之处。】

我们也清醒看到，经济社会发展还面临不少困难挑战。全面小康建设方面……经济发展方面，实体经济尤其是中小企业困难较多；市场主体对营商环境不满意的地方还不少；部分市县财政运转困难。社会民生方面……几起重大事故教训深刻。政府自身建设方面……需要说明的是，由于减税降费因素，地方一般公共预算收入增速低于预期目标。

【解读：近年的政府工作报告，对存在的困难和问题如何表述，越来越受关注。既不能回避矛盾和问题，也不能过度渲染存在的困难，影响信心和预期。这里用四个方面来归类概括，容量更大，能够表述得更具体、更实在。通过归类，还能更多地点到具体问题。如果对存在的矛盾和问题只作大而概之的概括，寥寥几句，笼统地一晃而过，实有回避之嫌。报告从大的方面概括主要矛盾和问题，又点到细节和具体点位，体现政府直面问题的诚恳态度和解决问题的决心与信心，同时也有争取代表理解支持的良苦用心。】

## 二、2020 年工作总体要求和重点任务

总体要求……主要预期目标是……

实现上述目标，信心和决心必须坚定。

坚定不移贯彻落实党中央决策部署。

坚定不移践行以人民为中心发展思想。

坚定不移贯彻新发展理念。

坚定不移决胜全面建成小康社会。

坚定不移推动经济高质量发展。

坚定不移推进改革开放创新。

【解读："六个坚定不移"是确定目标之后的常规写法，将总体原则和要求，以及报告中其他地方不好表达的内容，集中在这里一起来讲，既体现报告的全面性、系统性，也提升报告的理论性、指导性。报告有没有高度，"这几条"起着重要的作用。这部分内容不应过长，要高度

凝练。尽管是归纳、概括，也必须拒绝空泛。】

重点做好九个方面工作：

**（一）坚决打好三大攻坚战。**

确保脱贫攻坚任务如期全面完成。一鼓作气、乘势而上，尽锐出战、决战决胜。

确保实现污染防治攻坚战阶段性目标。生态是最宝贵的财富，要用我们的双手绘就无山不绿、无水不清、无路不荫、无村不美的绿色画卷。

确保不发生系统性区域性风险。

【解读：三大攻坚战是有着阶段性特征的重大工作任务，具有重大政治意义。报告将其作为首要工作安排，与党中央的决策部署保持高度一致。行文中用了"无山不绿、无水不清、无路不荫、无村不美"等描述性的语言，是这个报告的一个鲜明特征，给严肃的政府工作报告增添了一丝活泼，点缀在枯燥的概念和数字之间，让人听起来不再感觉那么累。这也成为主要的掌声点和媒体报道眼。】

**（二）夯实稳增长基础。稳增长是经济工作的首要任务。坚持稳字当头，落实"六稳"部署，保持经济平稳运行。**

做强做实有效投资。从今年至"十四五"时期，全力实现"五个根本解决"：根本解决高铁短板问题。根本解决公路运输体系不优问题。根本解决航空发展滞后问题。根本解决"水袋子""旱包子"问题。根本解决能源瓶颈制约问题。

增强消费拉动力。

着力扩大对外贸易。

千方百计稳定就业。

稳增长,"三驾马车"一个都不能弱,要下决心改变我省经济增长拉动不均衡的问题。

【解读:稳增长主要是要有实的举措。报告中用了"五个根本解决",铿锵有力,既应急,又谋远。文尾对"三驾马车"的概括,是对整段的提升,也是报告的一个阶段性高潮。】

**(三)推进制造业高质量发展。**

加快传统产业改造升级。

加快提升产业基础能力和产业链现代化水平。

加快产业融合发展。

数字经济是未来发展竞争的主战场。湖北不仅要巩固提升"九省通衢"枢纽地位,更要奋力抢占流量风口,成为重要数据枢纽。

【解读:这部分有两点体现这个报告的独特之处:一是单独写制造业,体现湖北"靠制造业起家"的特点;二是专门写了一段关于数字经济的话,且表述风格不同于传统方式,让人感到耳目一新。】

**(四)依靠改革开放优化营商环境。**

深化"放管服"改革。

推进财税金融改革。

打造内陆开放新高地。

更大力度激发市场主体活力。

**(五)打造创新发展强大引擎。**

提升创新平台功能。

强化创新主体作用。

加强技术攻关转化。

建设创新人才高地。

创新的核心是人才。我们要锁定创新主赛道，用优良生态广纳天下英才，用事业舞台成就各类人才。

### （六）深入实施乡村振兴战略。

加快农业供给侧结构性改革。

深化农村改革创新。

建设美丽宜居乡村。

"三农"工作成效决定全面小康成色。越是接近实现全面小康目标，越要坚持"三农"地位不动摇，越要抓实"三农"工作不放松。

### （七）着力推动区域协调发展。

增强中心城市和城市群承载能力。

提升县域经济活力。

促进区域协同发展。

持续推进新型城镇化。

### （八）提升湖北文化魅力。

加强社会主义核心价值观建设。

推动文化事业繁荣发展。

打造文旅产业升级版。

灵秀湖北，楚楚动人。要打造亮丽文旅名片，让荆楚大地成为人人向往的"诗和远方"。

【解读：政府工作报告用"灵秀湖北，楚楚动人"这样的语言，与一般的政府工作报告有所不同，体现了大胆创新，让报告更有文采、更有美感，让人感到严肃的政府工作报告也可以写得文采飞扬、很有温度、亲切动人。】

**（九）做深做细做实民生工作。**

把老百姓的"急愁盼"问题当大事做、往实处做、尽全力做，不断增强人民群众的获得感、幸福感、安全感。

【解读：政府工作报告作为"人民的报告"，必须力求有质感、很温暖、有温情，让老百姓听得懂、听得进。这个报告的不少地方体现了这一点，被公认为是一个"有温度的报告"。】

优先优质发展教育事业。

提高人民健康水平。

加大社会保障力度。

加强和创新社会治理。

【解读：报告所列重点工作内容，体现的均是阶段性要求，每一项均以实的支撑来展现报告的通篇风格。每一个部分都有一小段清新的语言点缀其间，为报告增色不少。许多金句被广泛传播，甚至被媒体直接拿去做了标题。】

## 三、全面提高政府治理效能

恪守人民政府为人民服务根本宗旨，加快转观念、提站位，转职能、提效能，转作风、提本领，以高效治理更好满足人民新期待，努力建设人民满意的服务型政府。

　　坚持党的领导。增强"四个意识"，坚定"四个自信"，做到"两个维护"，始终同以习近平同志为核心的党中央保持高度一致，自觉把坚持党的领导落实到政府工作各领域各方面各环节。坚决贯彻习近平总书记重要指示批示和党中央决策部署，自觉落实省委工作要求。

　　【解读：在政府自身建设方面专门写一部分关于"坚持党的领导"的内容，并且放在头条位置，这也是创新的写法，体现政府工作的鲜明政治站位，这是非常重要的。】

　　依法全面履职。
　　强化担当作为。
　　保持清正廉洁。
　　（结束语）只争朝夕、不负韶华。

　　【解读：尾段与帽段都是非常重要的。尾段必须与帽段相呼应，起势高，收尾也不能低，必须掀起报告的最后一个高潮。结束语引用了"只争朝夕、不负韶华"，这是习近平总书记发表的2020年新年贺词中的用语，用在此处，可以提升报告的整体观感。】

　　政府工作报告基本能体现综合类大报告的特征。党代会报告，尽管与政府工作报告所承担的职能不同，报告的对象和要求也不同，但在总体架构、起草方法等方面都可以相互借鉴。政府工作报告中的目标、总体要求和重大政策措施，往往就来源于党代会报告，包括党委的届中全会报告。政府工作报告就是对党代会报告的具体化，从而把党代会报告转化为实际举措。二者既区别开来，又紧密联系，写作方法上也具有一定的通用性。
　　还有一种综合类的讲稿，写得比较直截了当，看似单一，但阐述的是重大战略性问题。这里试举网络上流传的任正非 2022 年 8 月 22 日在华为的内部讲话，并做粗略分析解读。这篇讲话文风清奇，言简意赅，在全网火爆传播，引起巨大反响，值得文稿写手细细品味。

## 把生存基点调整到以现金流和真实利润为中心

任正非

### 一、未来三年，有质量地活下去

我们要看到公司面临的困难以及未来的困难，未来十年应该是一个非常痛苦的时期，全球经济会持续衰退。现在由于战争的影响以及美国继续封锁打压的原因，全世界的经济在未来 3 到 5 年内都不可能转好，加上疫情影响，全球应该没有一个地区是亮点。消费能力的大幅度下降，对我们产生的不仅是供应的压力，而且还有市场的压力。

在这样的情况下，华为对未来过于乐观的预期情绪要降下来，2023 年甚至到 2025 年，一定要把活下来作为最主要的纲领，有质量地活下来。这个口号很好，每个业务都要去认真执行。

如果按计划在 2025 年我们会有一点点希望，那么我们要先想办法度过这三年艰难时期，生存基点要调整到以现金流和真实利润为中心，不能再仅以销售收入为目标。我们的生命喘息期就是 2023 年和 2024 年，这两年我们能不能突围，现在还不敢肯定，所以每个业务口都不要再讲故事，一定要讲实现，尤其在进行业务预判时，不要再抱幻想，讲故事骗公司，损失要从你们的粮食包中扣除。首先要活下来，活下来就有未来。

【解读：首段开宗明义点出"未来三年，有质量地活下去"这个中心意思。用非常简洁的语言讲明理由，指出"未来十年应该是一个非常痛苦的时期，全球经济会持续衰退"，并提出华为"2023 年甚至到 2025 年，一定要把活下来作为最主要的纲领，有质量地活下来"，把生存基点调整到"以现金流和真实利润为中心，不能再仅以销售收入为目标"。文字不长，表达完全口语化，但说理透彻，逻辑严密，观点突出。】

## 二、盲目投资的业务要收缩

2023 年预算要保持合理节奏，盲目扩张、盲目投资的业务要收缩或关闭。

全公司都要有效地使用预算，不能盲目一切。将有的项目关闭，节约出来的人力压到前线去，继续优化机关业务，合理编制人员 ICT 基础设施，这是我们的黑土地粮仓，一定要收缩到一个有竞争力的复杂硬件平台与复杂软件平台，挂在上面搭车的项目都要摘出来。军团是建基础信息平台，更好地卖 ICT，基础设施卖底座不是做生态，终端是未来我们崛起突破的基础，但不能盲目。现在要缩小战线，集中兵力打歼灭战，提升盈利。

华为云计算要踏踏实实以支撑华为业务发展为主，走支持产业互联网的道路。数字能源在战略机会窗口上加大投入，创造更大价值，收缩机关，加强作战队伍。智能汽车解决方案不能铺开一个完整战线，要减少科研预算，加强商业闭环，研发要走模块化的道路，聚焦在几个关键部件作出竞争力，剩余部分可以与别人链接。

除了为生存下来的连续性投资以及能够盈利的主要目标，未来几年内不能产生价值和利润的业务应该缩减或关闭，把人力物力集中到主航道来。我们要面对现实，不要有太遥远太伟大的理想，快刀斩乱麻，富余人员调整到战略预备队，再把他们组合到合理岗位上去抢粮食。

一定要把边缘业务从战略核心里抽出来。边缘业务抽出来以后，我们先评价一下能不能做好，还需要多少资源才能做好，做不好，资源消耗巨大的业务不如关闭以后开放让别人去做,我们不要包打天下。如果确实是在战略管道里的,我们必须做,又做得不够好的就改组作战队伍换干部。如果出现了一些机会窗口,我们扩大了战略预备队和干部专家战略资源池,组成突击队去机会窗口突击。

坚持实事求是,在市场上的收缩要坚决。我们以前怀抱全球化理想,立志为全人类服务,现在我们的理想是什么?活下来,哪里有钱就在哪里赚一点。从这个角度出发,我们要在市场结构上调整,研究一下哪些地方可以做,哪些地方应该放弃。

【解读:直接提出"预算要保持合理节奏,盲目扩张、盲目投资的业务要收缩或关闭"。单刀直入,直抒胸臆。】

### 三、放弃部分市场

第一,聚焦价值市场。把主要力量用于正态分布曲线中间的一段,一部分国家我们在市场上就彻底放弃了。

第二,对于艰苦国家和地区,作为将来要提拔的新生干部的考核锻炼基地。有些国家产量少,我们虽然还要做,但是否不再派士兵守在雪山顶,因为下来后他还是士兵。雪山顶是考验人的,有潜力的新生干部下来就有机会升军长,因为小国容易综合化,他从预算、合同、投标交付、工时定额计算,解决方案一起干都做完了。回来在干部履历表上一天升将军,11道门槛就过了5道6道。当然有些员工守边疆已经很长时间,回国收入减少,还涉及孩子上学问题,他自愿留在这些国家继续干,也不要强行调回国。

第三,海外回国的员工要优先获得技能培训和上岗机会。从海外归来的员工要有一个保护期,保护他再上岗,保证他获得一定的培训。艰苦国家的人员技能可能比国内差,因为他没有现实作战环境,怎么进步呢？就如高原上的士兵，虽然他站得很高，但并没有吸收什么宇宙能量。他们付出了代价，不能一回国就考试，然后就淘汰了，这样艰苦地区就没人愿意去，所以我们要保证回国员工有岗位安排，有宽松的学习时间，至于这段时间他的能力有没有追赶上来就另当别论。

财务要做好现金流的规划，危难时期主要是要造血，我们虽说2025年会好转，但万一到时没有炮弹怎么办？所以那是美好的计划，我们要有安全的粮食措施。

公司有两大支出给员工分红，包括工资稳定，这是增强内部的信心和凝聚力；给银行还贷，这是增强社会对我们的信任度。对已经存在较为明显的潜在风险的项目，不要再抱有幻想，要尽快浮出来，让审计做结论，将风险量化。

与此同时依然可以继续管理这些已经被消除的资产，通过管理让风险变为适当的收益。我们心里不要带有一种泡沫幻想，一看报表挺好，决心就挺大，但到时实际赚不到钱。

【解读：进一步回答前文怎么"收缩"的问题，在"放弃部分市场"以后应该怎么办。】

## 四、让寒气传递到每个人

夯实责任，奖金升职升级与经营结果挂钩，让寒气传递到每个人。

第一，在今年和明年的考核中要提升现金流和利润的权重，宁可销售收入下滑一些，但利润和现金流要增长，经营性利润增长的奖金要多一点，激励大家去争抢利润。

第二，各责任中心签署考核责任书，公司要制定基于KPI的对等奖赏机制。明年正常升职升级不变，但要加强与责任对等的挂钩，一年一年让人感觉到天冷，但我们的转换要有耐心热情。我曾给常务董事会讲过，基本工资框架不要变，这是一个刚性指标，但员工优秀了，可以升职升级，奖金可以有很大弹性。

第三，今年各个业务的奖金一定要拉开差距，绝不允许平均，逼迫大家实现"抢粮食"的短期目标。过去公司的政策是基本摆平，大家没有感觉到冬天的寒冷，每个人都盖被子，只是厚一点薄一点而已。今年年底利润和现金流多的业务，奖金就多发一些，不能创造价值的业务就给很低的奖金，甚至没有，把寒气传递下去。

目前我们要活下来，不是为了理想而奋斗，军团比赛就是年底比奖金，因为奖金不是公司给的，是军团自己挣来的利润，而且还交给公司一部分。如果挣不到粮食，我们要敢于不发奖金，因为员工的基本收入可以开支生活必需品。当然有些战略业务短期内创造不出价值，我们可以通过评定的方式来确定，但很多业绩差的边缘业务一定要砍掉，这就是调整巩固充实提高。

【解读：这一部分是讲"责任落实"。同样是讲这个问题，这里讲的就非常具体，不是空泛地强调一下。】

## 五、生存危机点上，不惜代价投入

质量是第一生产力。我们要坚持这样的路线，研发要对产品的质量和性能负责，并承诺服务专家要具有综合性能力，质量不好的产品是研发人员的耻辱，这句话应该贴到研发办公室的研发办公区的墙上，现在全世界网络故障率越来越高，一个事故就可能摧毁整个市场的信任体系。

$100-1=0$，对我们研发来说，单板的研发，单个器件的研发，系统的研发，一定要把质量放在首要，质量是研发制造人员对市场服务人员的最优支持保障。如果产品质量不好，就相当于让弟兄们冒着枪林弹雨、冰天雪地、炎热酷暑、新冠病毒，在前线冲锋。所以我们要建立反向考核机制，一线反向考核不仅要考核机关服务组织，也要延伸到产品线，坐在办公室还做不好质量，那就要收缩战线，提高竞争力。

我们要提高服务体系的地位。服务专家对事故、对网络体验要有综合判断能力。过去我们重研发轻服务，现在我们也要重视服务体系，要重视我们的网络不出问题，体验要好。

科学合理地控制库存。我们要从过去恐慌性的自救改为有质量的自救，要注意合理地压库存，不要因为过大库存而造成公司的利润不足和现金流紧张，从而构成我们新的危机。在战略关键机会点上、生存危机点上，我们可以不惜代价投入，但在非战略机会点上不能乱花钱。

【解读：这部分阐述了发展的关键点，坚持有所为有所不为。虽然要"收缩"，但在战略关键机会点、生存危机点上，可以不惜代价投入。任正非在这么简短的一个讲话中，将华为今后的战略取向讲得一清二楚，并且传导了压力和责任。这个讲话影响力巨大，甚至有人认为，该讲话直接导致了A股应声而落。讲话就是说话，把意思讲明白，不要有那么多弯弯绕绕。大道至简，在任总这个讲话里面体现得相当充分。这样的文风，应该属于华为企业文化的组成部分，非常值得推崇。即使是党政机关，也可以大力学习借鉴。】

分析范文，综合类大报告有几个方面的共性特征需要把握。

一是定位基准线，放低身段，摆正姿态。弄清报告的性质和作用，这是起草报告的基准。党代会报告、政府工作报告，都是依章依法向特定对象"报告工作"，而不是"部署安排工作"。既然是"报告工作"，就要把姿态摆正，不是居高临下的"我讲你听"，也不是"要求别人做什么、怎么做"，而是向代表们报告"我做了什么、准备做什么、怎么做"，让代表们评价过去做得"怎么样"、审议下一步的安排"行不行"。报告人态度要诚恳、表态要实在，作报告时语言必须体现平等交流、协商的意愿，甚至是以恳请的方式，让代表们感受到"这是一个接受审议和监督的姿态"，从而有助于在报告人和审议人、监督人之间形成感情共鸣。

二是牢牢把握政治报告的政治属性。党代会报告、政府工作报告，无疑都是政治报告，政治性是第一属性，必须作为首要的评判标准。党代会报告的政治性不必赘述，政府工作报告如何体现政治属性呢？这些年的政府工作报告有不少探索。讲政治是要靠具体行动来体现的，除了必须进行表达到位的直接政治性阐述以外，更重要的是要把政治性要求融到报告内容中去，体现政治性；用贯彻落实党中央路线方针政策和工作部署的实际成果，检验政治上的坚定性。

三是坚守固定模式的同时也需要不断嵌入创新元素。综合类大报告有相对固定的表达模式、行文方式，但也不会因此就排斥进行相应的创新探索。否则，每一年、每一个地方的例行工作报告，都成了一个模子复制出来的了。事实上，无论是格式还是语言，都是可以创新的，也是必须创新的。应尽可能运用人民群众喜欢的方式起草报告，让他们听得更愉悦，更受触动。比如，2021年1月24日，在湖北省第十三届人民代表大会第五次会议上所作的政府工作报告，与上一年度的就有很大不同，有不少创新。在报告2020年的工作成绩时，用了"三个历史性"进行概括："打赢了阻击新冠肺炎疫情的历史性大战、扛住了疫后恢复重振的历史性大考、夺取了决胜全面小康的历史性成就。""三个历史性"让报告一开始就充分吸引了众人的目光，把人大代表和政协委员的情绪一下子就调动起来了，起到了给刚刚经历了疫情防控大战和疫后重振大考的湖北人民鼓劲提气的效用。

四是尽力让每个人都能在报告中看到自己。综合类大报告不是作给少数人听的，人民政府为人民服务，"政府工作报告属于人民"。代表背后是芸芸众生，要尽可能将绝大多数人的诉求尽量多地体现在报告中，不能漏掉任何一个方面，尽量使每一个团体、每一个群体，甚至每一个个体都能在报告中找到自己。比如，有的政府工作报告，提出要解决好"一老一小"的问题，真正实现老有所养、幼有所育。这就包括了老和幼两个数目庞大的群体。这个问题历来都是关注的焦点，是牵引千家万户的千头万绪事，讲好了会赢得点赞，讲不实可能会被众人热议。好事还须讲好，让更多人满意，绝不可小觑。对受到绝大多数人关注的问题，一定要以细而实的内容尽可能给予回应，切忌空对空。比如，南方冬天不集中供暖，但就养老院冬天取暖这样"细小"的问题，某一年的湖北省政府也在工作报告中专门作了安排，受到广泛称赞。当然，虽然不可能在一个报告中全面照应所有人关注的问题，但也要让人感受到政府对人民群众关注问题高度重视的态度，并将解决这些问题体现在政府工作的改进中。

五是在起草构思中就要为报告的宣传宣讲铺底。一个成功大会的举办，报告起草班子与媒体宣传班子是有深度默契的。报告起草班子在布局谋篇和安排内容时，就要考虑如何宣传的问题。一个好的报告，很容易就能画出重点，而不是让媒体被动地去寻找"新闻点"。重点突出、观点鲜明、金句迭出、好听好记的报告，也必然是能很好宣传宣讲的报告。文稿的每一个篇章，甚至每一个段落，起草人都要有意识地精心构思，让人一看就明白重点是什么、亮点在哪里。甚至还可以设计一些提神加分的精彩句子，既突出重点、展现亮点、增添文采，也可以让媒体拿去直接作为宣传报道的主题。这样的宣传效果往往是超值的。

## 3.4 偷师学艺（二）：从范文中领会综合类讲话稿的写作技法

综合类讲话稿高度和难度的代表，首推一年一度的经济工作会议讲话。中央经济工作会议一般在一年中的最后一个月召开，以前是在中下旬，现在有的年份已经提前到上旬召开了。经济工作会议之所以受到高度重视和广泛关注，在于会议的主题和内容十分重大而敏感。特别是中央经济工作会议，既要对当前宏观经济形势作出权威判断，又要决定下一个阶段的宏观经济政策走向。如此关键的会议议题，对讲话稿的要求之高，是其他同类文稿不可比拟的。

经济工作会议上领导的讲话稿，未见有全文公开发表的，但会议的主要精神官方媒体均会发布。老到的文稿写手都有这样的经验，那就是能够通过公开披露的信息，大致还原讲话稿的结构和观点。做这个不是为了去"探秘"，而是为了从中加深领会，为做好自己所承担的文稿任务做准备。

这里选录的是 2021 年新华社发布的关于中央经济工作会议召开的通稿。为了行文方便，做了一些删减。

中央经济工作会议 12 月 8 日至 10 日在北京举行。习近平在会上发表重要讲话，总结 2021 年经济工作，分析当前经济形势，部署 2022 年经济工作。李克强在讲话中对明年经济工作作出具体部署，并作了总结讲话。

【解读：中央经济工作会议由 12 月中下旬提前到上旬召开，从一个侧面可以体现出宏观经济形势的严峻性。为了应对经济稳增长的巨大压力，宏观政策必须早确定，必须更早推出经济"稳"和"保"的有效

举措。这一行动变化本身，应该被视为宏观决策的重大变化。】

今年是党和国家历史上具有里程碑意义的一年。我国经济发展和疫情防控保持全球领先地位，国家战略科技力量加快壮大，产业链韧性得到提升，改革开放向纵深推进，民生保障有力有效，生态文明建设持续推进。这些成绩的取得，是以习近平同志为核心的党中央坚强领导的结果，是全党全国各族人民勠力同心、艰苦奋斗的结果。

【解读：从这一段话中可以读出三个含义。一是"里程碑意义"等用语，是定性全年经济工作的。党中央的这个定性是结论性评价，作为文稿写手对这样的用语自当非常敏感。二是对在哪些方面取得的成绩和进步作高度概括，实际上是摆亮点，让人一目了然。三是段尾的"两个是"，回答了成绩是如何取得的，这是这类文稿的标准写法，已经成为惯例，体现政治高度。】

必须看到我国经济发展面临需求收缩、供给冲击、预期转弱三重压力。世纪疫情冲击下，百年变局加速演进，外部环境更趋复杂严峻和不确定。无论国际风云如何变幻，我们都要坚定不移做好自己的事情，不断做强经济基础，增强科技创新能力。

【解读：这一段是过渡段，从讲成绩转向叙述存在的困难和挑战，落脚到增强信心上。"三重压力"是党中央对宏观形势的总体判断，是管总的，地方分析经济形势也离不开这个总体判断。列举了疫情、百年变局、外部环境三方面的因素，这也可以为我们提供一个研判经济形势的总体分析框架。分析研判形势，是为了引出"要坚定不移做好自己的事情"，特别强调要做强经济基础，增强科技创新能力，等等。这种铺垫是常用手法，但常用常新。】

在应对风险挑战的实践中,我们进一步积累了对做好经济工作的规律性认识。必须坚持党中央集中统一领导,沉着应对重大挑战,步调一致向前进。必须坚持高质量发展,坚持以经济建设为中心是党的基本路线的要求,全党都要聚精会神贯彻执行,推动经济实现质的稳步提升和量的合理增长。必须坚持稳中求进,调整政策和推动改革要把握好时度效,坚持先立后破、稳扎稳打。必须加强统筹协调,坚持系统观念。

【解读:"四个必须"是这次会议极其重要的新表述,也是习近平新时代中国特色社会主义经济思想的最新内容、最新概括,表明我们党的经济治理水平提高到了新的理论高度。】

明年将召开党的二十大,这是党和国家政治生活中的一件大事,要保持平稳健康的经济环境、国泰民安的社会环境、风清气正的政治环境。

【解读:这段话是对做好2022年经济工作的重要性进行定位。2022年是特殊重要的政治年份,尤其是要召开党的二十大,必须保持"平稳健康的经济环境、国泰民安的社会环境、风清气正的政治环境"。"三个环境"缺一不可。】

明年经济工作要稳字当头、稳中求进,各地区各部门要担负起稳定宏观经济的责任,各方面要积极推出有利于经济稳定的政策,政策发力适当靠前。

【解读:这段话很短,但内涵丰富。既强调了继续坚持稳字当头、稳中求进,更创造性地提出稳定宏观经济各地区各部门各方面都要担负起责任,着重强调宏观政策发力适当靠前。这是为全年经济工作定总基调、提总要求,对宏观政策发力提出新指向。】

一是宏观政策要稳健有效。要继续实施积极的财政政策和稳健的货币政策。积极的财政政策要提升效能，更加注重精准、可持续。要保证财政支出强度，加快支出进度。财政政策和货币政策要协调联动，跨周期和逆周期宏观调控政策要有机结合。

二是微观政策要持续激发市场主体活力。

三是结构政策要着力畅通国民经济循环。要深化供给侧结构性改革，重在畅通国内大循环，重在突破供给约束堵点，重在打通生产、分配、流通、消费各环节。要提升制造业核心竞争力，启动一批产业基础再造工程项目，激发涌现一大批"专精特新"企业。加快数字化改造，促进传统产业升级。因城施策促进房地产业良性循环和健康发展。

【解读：结构政策有许多新表述，这是会议的重要新精神。如"三个重在"、提升制造业、房地产因城施策等。新政策就是抓经济工作的重大争取点，也是工作落实点，地方在贯彻落实中也要有相应的具体而实在的内容。】

四是科技政策要扎实落地。强化国家战略科技力量，发挥好国家实验室作用，重组全国重点实验室，推进科研院所改革。强化企业创新主体地位，深化产学研结合。完善优化科技创新生态，形成扎实的科研作风。

【解读：每一句话都预示一个重大行动和改革举措，是新的一年做好经济工作的重要抓手，显得非常实。】

五是改革开放政策要激活发展动力。

六是区域政策要增强发展的平衡性协调性。

七是社会政策要兜住兜牢民生底线。

【解读：宏观政策向什么方向聚焦发力，是每年经济工作会议的重

头戏。这也提示我们在起草类似讲话稿时，必须要先拿出一些具体的"干货"。】

进入新发展阶段，我国发展内外环境发生深刻变化，面临许多新的重大理论和实践问题，需要正确认识和把握。

要正确认识和把握实现共同富裕的战略目标和实践途径。

要正确认识和把握资本的特性和行为规律。要发挥资本作为生产要素的积极作用，同时有效控制其消极作用。要为资本设置"红绿灯"，依法加强对资本的有效监管，防止资本野蛮生长。

要正确认识和把握初级产品供给保障。增强国内资源生产保障能力，把提高农业综合生产能力放在更加突出的位置，中国人的饭碗任何时候都要牢牢端在自己手中。

要正确认识和把握防范化解重大风险。要继续按照稳定大局、统筹协调、分类施策、精准拆弹的方针，抓好风险处置工作。

要正确认识和把握碳达峰碳中和。实现碳达峰碳中和要坚定不移推进，但不可能毕其功于一役。要坚持全国统筹、节约优先、双轮驱动、内外畅通、防范风险的原则。传统能源逐步退出要建立在新能源安全可靠的替代基础上。增加新能源消纳能力，推动煤炭和新能源优化组合。要狠抓绿色低碳技术攻关。新增可再生能源和原料用能不纳入能源消费总量控制，创造条件尽早实现能耗"双控"向碳排放总量和强度"双控"转变。

【解读：明确提出要正确认识和把握五个重大理论和实践问题，这些都是指导经济工作根本性的东西。这些内容是会议的主要创新点，也是经济工作的重点。】

要继续做好"六稳""六保"工作特别是保就业保民生保市场主体。

各级党委和政府、各级领导干部要自觉同党中央保持高度一致，提高政治判断力、政治领悟力、政治执行力。要落实到行动上，体现到贯彻落实党的路线方针政策的实际行动上，体现到推动高质量发展的实际行动上，体现到为党分忧、为国尽责、为民奉献的实际行动上。

领导经济工作必须尊重客观实际和群众需求，必须有系统思维、科学谋划。领导干部要提高领导经济工作的专业能力……要加强调查研究，坚持"三严三实"，坚决防止简单化、乱作为，坚决反对不担当、不作为。

【解读：这一部分实际上讲的是加强党对经济工作的领导问题，根据当前情况提出了一些新的要求。特别强调提高政治判断力、政治领悟力、政治执行力要落实到行动上。具体讲就是：体现到贯彻落实党的路线方针政策的实际行动上，体现到推动高质量发展的实际行动上，体现到为党分忧、为国尽责、为民奉献的实际行动上。经济工作也是政治工作，做好经济工作必须在党的领导下。经济工作是党的中心工作，贯彻落实党中央决策部署，许多方面就集中在经济工作领域。因此，要善于从政治高度看待经济工作、做好经济工作。】

通过对新华社通稿的分析，可以发现，如果用讲话稿的形式来还原 2021 年中央经济工作会议精神的主要内容，大致可归纳为以下几个部分。

一是科学分析、精准把握当前宏观经济形势。既肯定成绩，又明确压力，落脚到对做好经济工作的规律性认识和把握上，从而坚定信心，坚定不移办好自己的事。特别强调要坚持以经济建设为中心，大力"做强经济基础"。对规律的认识和把握，体现出中央经济工作会议的理论高度。还应看到，会议重申以经济建设为中心，做强经济基础、办好自己的事，表明党中央的战略定力和坚定信心。

二是明确经济工作的总体要求和宏观经济政策取向。党对经济工作的全面领导，必须落实到把握宏观政策走向上。会议明确了做好2022年经济工作的政策框架和重要举措，提出了"七大政策组合"。宏观政策是稳定经济的重要手段，"稳健"就是要保持政策的连续性、稳定性、可持续性；"有效"就是要提高政策的针对性、操作性、有效性，抵御经济下行压力，使"六稳"稳得牢、"六保"保得住。七大宏观政策非常具体，反映出党中央对驾驭中国经济这艘大船越来越娴熟，越来越得心应手。

三是加强对经济工作新的重大理论和实践问题研究。会议提出的五大问题，都是事关全局、长远的重大战略问题。既应急又谋远，着眼于打基础、管长远，推动中国经济行稳致远和高质量发展。

四是加强和改善党对经济工作的全面领导。把同党中央保持高度一致，提高政治判断力、政治领悟力、政治执行力落实到行动上，落脚到"三个体现"上。特别强调防止简单化、乱作为，这些都是针对具体的现实问题提出来的。

从官方媒体公开的信息中，通过严谨周密的分析，合理推理出自己需要的框架、素材和观点，这是文稿起草非常重要也很实用的一种技巧。因为种种原因，我们是看不到许多重要会议的讲话稿原文的，但又必须及时了解主要精神，这就需要善于从公开披露的消息中，通过分析、研究，获取更多有价值的新信息。如果掌握了这种能力，文稿写手能更快更准地把握上级精神实质。对一些应急的文稿，如果外地或部门已经有过类似的公开报道，运用这种推理能力，可以尽力还原别人起草这个文稿的思路和框架，启发自己，甚至融合借用，对自己起草文稿很有益处，有助于快捷高效地完成文稿起草任务。

实际上，上述推理既可根据事后公开的信息反推，也可根据事前已经掌握的有效信息顺向正推。比如，从近几届党中央的全会内容看，五中全会一般是就制定下一个五年规划作出总体安排部署。党的十九届五中全会召开之前，关于新发展阶段、新发展理念和新发展格局的论述，就不断地在官方媒体出现。习近平总书记在不同场合也分别进行了系列阐述。特别是就新发展阶段和构建新发展格局，习近平总书记在一段时期内反复强调。如 2020 年 4 月 10 日，在中央财经委员会第七次会议上，他首次提到"新发展格局"这一重要概念。同年 5 月以后，总书记在不同场合反复提到"构建新发展格局"这一新战略部署。8 月 18 日至 21 日，在安徽考察时强调，安徽要"努力探索形成新发展格局的有效路径"。8 月 20 日，在扎实推进长三角一体化发展座谈会上强调，长三角要"率先形成新发展格局"。8 月 24 日，在经济社会领域专家座谈会上，提出我国将进入新发展阶段。10 月 14 日，在深圳经济特区建立 40 周年庆祝大会上强调，新时代经济特区建设要"紧扣推动高质量发展、构建新发展格局"。11 月 12 日，在浦东开发开放 30 周年庆祝大会上强调，浦东要"增强全球资源配置能力，服务构建新发展格局"。在一段时间内，就同一重要观点反复阐发，就是在明确释放强烈信号。"三新"果然是党的十九届五中全会的重大主题和重大亮点，是贯穿"十四五"和更长一个时期高质量发展的主线。作为一个文稿写手，要善于分析研判宏观形势和宏观决策出现的新变化，具有一定的事先预判能力，这是应该逐步养成的职业素养。这种素养，是学习能力，也是研究能力的具体体现。只要勤于观察、勤于思考，就能时常保持一种洞察时势的职业敏感，敏锐捕捉更多有效信息，为文稿写作工作创造更多便利。这种敏感和敏锐，主要来自研究型的学习和思考。

# 第四问

## 专题类文稿出彩最多，写手如何找准发力点？

用"专题"落实"综合"，是领导工作实践中通用的常规手段和工作方法。党的代表大会、人民代表大会和经济工作会议，都是从总体和宏观角度对各方面工作作出安排部署，需要有系列专题性会议分门别类贯彻落实。综合性大报告的落实，就要依靠一个个专题会议或活动来推进落地落效。无论是主要负责人，还是班子中的副职成员，如果对他们承担的大部分工作进行分类的话，多数可以归类到专题性之列。因此，开专题会、起草各类专题会议文稿，是机关中最为常见的工作形态。

## 4.1 专题中有综合，综合中亦有专题

专题是针对某些特定工作对象而言的，这个工作对象可以是某一项具体工作，也可以是某一个具体问题或事项。专题和综合其实没有那么明确的界限划分，在这里只是为了行文方便而作为相对概念来讲，并没有什么特别的意义。

基于此，也可以说，所谓专题，只不过是专题中的综合、综合中的专题。领导在工作中面对各种复杂情况，须得采用复合、多维的综合手段，才能有效应对。从方法、路径上看，做好任何一件工作，都不大可能依靠单一的措施向前推进。专题工作的"专"，只不过是相对于全局工作的"全"来讲的，而专题自身往往就是"全"的综合体。比如，政府工作报告，包罗政府工作的方方面面，其中的经济发展、民生改善、政府治理等工作，可以说是专题工作，但如果将这些专题工作单个拿出来分析解剖，又无一例外都是综合性很强的工作。

文稿写手们均把经济工作会议讲话视为综合类大稿，这是因为经济工作本身的综合性就很强。但相对于党委、政府的全面工作，经济工作又属于专题性工作。经济工作会议讲话，涉及经济发展方方面面的问题，

每一个问题都是综合性的。比如其中的宏观政策、营商环境、投资项目、加强和改善党对经济工作的领导等，每一项单列出来都可以说是综合性问题，而放在整个经济活动中，又都具有专题性。文稿起草，需要在综合性中来定位专题、在专题性中来把握综合，这样的专题性文稿才能既有高度、立得住，又有精度、靶向准。

还应该看到的是，所有专题性问题的突破和解决，都必须有赖于综合性手段的加持和运用。比如，就优化营商环境问题进行专题研究，就需要发改、市场监管等政府职能部门，还有金融部门、政法部门，以及纪监、宣传等部门共同参与、协同发力。领导工作系统性强，需要优化配置各种治理资源、协调各方力量，形成工作合力。体悟领导工作的实际运作，对这一点就会有更深层次的认识和理解。

## 4.2 如果错过了在综合类上出彩的机会，千万不要再错过在专题类上出彩的大把机会

就文稿写作而言，在综合类的大报告、大文稿上出彩是非常不容易的，这是长期从事文稿起草工作的人都明白的一个基本事实。起草这类报告，许多既定路数是必须按规范走的，实际上没有多少可供文稿写手们自由发挥的空间。由于模式基本固定、套路相对单一、篇幅容量有限，加上关注的人太多，各方意见都要兼顾，其中有些意见可能还是相左的，就更加限制了起草人思维和行动能力的发挥。尽管大多数领导对综合类大报告都极为看重，起草者也极力想让报告更多一些出彩点，但事实上真正做到者，并不多见，甚至少之又少。

当然，综合类大报告、大文稿也有许多非常精彩的，堪称机关文稿中的佳品，让人记忆深刻、多看而不厌。探究其出彩点，往往不是在写

作技巧和方式上，而在于报告和文稿本身的思想性、战略性和引领性，这是更高层次的出彩！经常听到这样的说法：一个成功的大会，首先要起草好一个成功的报告。成功的报告和文稿的相似点，很多就在于能够充分体现领导工作的思想性、战略性和引领性。

从文稿写作实践看，综合类大报告和文稿，很能体现领导的整体素养和功底，尤其是大局意识、战略思维和驾驭全局的能力，也很能体现文稿起草者的综合素质和对全面情况的把控整合能力。一般来说，能够承担起草综合类大稿任务的文稿写手，在大局观、思维能力、对上下情的掌握、对复杂情况的研判和应对、对未来事务的预判等方面，都具备了比较高的水准。不少这类干部走上领导岗位后，能驾轻就熟，甚至游刃有余，这与他们曾经历过锻炼和训练有着很大关系。

起草综合类大报告，是一种非常难得的对领导工作理论和实践能力的锻炼与训练，不是什么岗位的人在日常工作中都能接受这种锻炼与训练的，机会难得。这是文稿起草人应当倍加珍惜的。

但是，如果用文稿本身来衡量，什么样的文稿更能充分体现领导者个人的风采和魅力呢？一个显著的事实是，专题性文稿的可能性远比综合性文稿多得多。因为综合类大报告的写作一年或几年才有为数不多的几次，报告本身的思想性、战略性和引领性，更多体现的是集体智慧和整体谋划，一旦确定下来，就有一定的相对稳定性，不会轻易改变，不会反复折腾。而专题性文稿的写作，几乎天天都能遇到，每次都有新信息注入进来，这就更多地为领导提供了可以展示个人才能和风采的机会。

专题性文稿之所以更多、更容易出彩，是由其特性决定的。

主题更为集中。专题性工作针对的是特定对象，目标对象更容易聚焦。目标对象越是聚焦，对问题的研究越能深入，有助于把研究做得更透彻，把握得更精准，这样就有利于使文稿更加精彩生动。孟子曾指出：

"贤者以其昭昭，使人昭昭；今以其昏昏，使人昭昭。"如果自己都是糊里糊涂的，却要去教别人明白事理，那是无论如何也不可能做到的。既然是专题研究，对存在的问题，文稿起草者首先要做到自己"搞清楚、想明白"，然后才能在文稿中"讲透彻、说到位"，从而引导人们"明事理、主动做"。越是把目标聚焦到重点部位，"火力"越能集中到一个方向上，从而让重点更突出、亮点更靓丽。这也提示文稿写手，起草专题性文稿，更要体现"专"的内涵。这个"专"，除了指专门方向和目标外，还包括专业精神、专业能力、专业素养。要具备这些基本要求，在研究上必须"钻"进去，研深吃透，把握实质。

发挥自由度更大。对领导来讲，专题类的工作没有那么多程序式、模版式的限制和掣肘，可以有更多施展和发挥的空间。只要不出格、不违背基本原则和工作要求，尽可以得体地表现个人想要展示的方方面面。作为体制内的领导干部，那种试图把领导岗位变成"个人秀场"的主张和做派，是不合适的，也是不被允许的。但为了更好地推进工作，需要领导干部尽可能多维度、多层面展示自己优秀的一面。这样的干部往往更令人信服，推进工作时往往能起到事半功倍的效果。对此，为什么不乐观其成呢？朱镕基是极富个性特点的领导人，《朱镕基讲话实录》收录了不少具有鲜明"朱氏风格"的讲话。尽管已经是二十年前的讲话，但至今读起来仍然令人感到震撼，印象极其深刻。这种讲话，一改官员四平八稳、讲话套路固定的刻板形象，把朱镕基大刀阔斧、担当善为、雷厉风行的风范，体现得淋漓尽致。这样的官员，老百姓是欢迎的，也会为官场增色添彩不少。

出场机会更多。讲话要占用领导干部很大一块工作时间，因为这是推动工作的主要方式。从讲话内容看，绝大多数应属于专题类。对领导来说，以讲话这种形式出场的次数最多，也最为频繁。领导干部每一次出场，都是一次亮相，都会被人在背后评判打分，得分高，就在下属和群众心目中逐渐累积成了口碑，只不过许多时候当事人并不清楚自己的得分情况。"政声人去后，民意闲谈中。"领导干部应该关心自己在位时的形象得分，因为这会关系到人民群众的认可度，完全不在意是说不过去的，毕竟领导干部的形象并不只是其个人的事。"金杯银杯，不如老百姓的口碑。"这不仅仅是对个人的评价问题，也关系到党和政府的整体形象。

作为领导干部，对每一次专题活动中的出场都要认真对待、精心准备，力求达到最佳效果。特别是公开讲话，须得当作重头戏予以重视，务求讲出精彩、讲出效果，赢得真诚的掌声，获得更多加分。这是对领导干部的要求，也是文稿起草必须对标达标的工作标准。

## 4.3 偷师学艺（三）：从范文中领会重要专题工作讲话稿的写作技法

所有的工作，均可被分解为一个个具体专题，从领导工作的实践看，整体工作的推动，总是在对一个个专题工作的突破中实现的。从文稿写手成长的轨迹看，成为一个能力全面、特长突出、没有明显短板的写作高手，往往也是从攻破一个个专题文稿开始的。不经过拿难以计数的"专题"来反复练手、千百遍"刷题"，怎么能成为好写手呢？文稿写手的成长非一朝一夕可以完成，而是日积月累的漫长过程。不可因文稿"大小"而区别对待，也勿因文稿"轻重"而不同用力。对文稿要求而言，是没有"大小""轻重"之分的，在质量标准的要求上，不会因文稿"轻重""大小"而有所不同。无论"大稿""小稿"、轻重缓急，在起草中都应力求完美，达到高质量。而要成为文稿写作高手，没有接手并完成过数次"烫手山芋"式的高难度文稿任务，是不可能的。

有鉴于此，专题工作所需要的文稿，无疑就是文稿写手写作的重要发力点。

2018年下半年，国内曾经出现了一波"民营经济离场论"的声浪，引起了不小的争论。在这种背景下，习近平总书记亲自主持召开民营企业家座谈会，并作出重要讲话。讲话内容很快被全文公开发表出来了。总书记的重要讲话导向鲜明、掷地有声，强调支持民营企业发展，是党中央的一贯方针，这一点丝毫不会动摇；指出我们党在坚持基本经济制度上的观点是明确的、一贯的，从来没有动摇；再次强调了"三个没有变"，我国基本经济制度写入了宪法、党章，这是不会变的，也是不能变的；指出民营企业和民营企业家是我们自己人，我国民营经济只能壮大、不能弱化，而且要走向更加广阔的舞台。

接下来的一段时间，各省、自治区和直辖市党政主要负责人纷纷主持召开座谈会，就贯彻落实习近平总书记的重要讲话精神明确表态，陆续出台大量惠企政策，给民营企业家吃了定心丸。这种特殊背景下的讲话，既要体现鲜明的政治指向性，也要有明确的具体惠企政策措施。各地纷纷表态，实际上是同台竞技、各亮高招、各展绝技，因而精妙迭出。尽管不是要比一个高下，但旁观者仍然能判断出讲话者水平的高低，感受到各地的思想态度和工作力度。比如，在习近平总书记提出"民营企业和民营企业家是我们自己人"的重要观点后，时任湖北省省长王晓东提出，"把民营企业家当自己人、把民营企业发展的事当自己的事、把民营企业家的痛当自己的痛"，在民营企业家中反响强烈，好评连连。

这里选用了时任山东省委书记刘家义的表态讲话，从范文中体会此类文稿的起草技巧。刘家义的讲话于2018年11月2日在大众网上全文发表，限于篇幅，在引用时做了大幅度删减。

这篇讲话，开头的切入方式是：重点就学习习近平总书记重要讲话精神，谈几点体会，与大家共同交流。

## 一、对民营经济怎么看——民营经济对山东发展功不可没，地位不容置疑，作用不可替代

习近平总书记明确指出："我国经济发展能够创造中国奇迹，民营经济功不可没。"我省民营经济的发展，也充分印证了这一点。民营经济贡献了全省50％以上的GDP，60％以上的投资，70％以上的税收，占市场主体的90％以上。可以用两句话来概括民营经济和民营企业家在山东的地位和作用：民营经济过去是、现在是、将来也一定是山东发展不可替代的重要力量；民营企业家过去是、现在是、将来也一定是山东发展不可或缺的宝贵财富。

看过去，民营经济成就卓著。在不同时期，民营经济和民营企业家都是山东发展的重要推动力，是改革开放的重要探路者，是社会主义市场经济的重要活力源。

看现在，民营经济机遇难得。可以说，我省民营经济发展空间巨大，拥有商机无限，除了全国性的改革红利、政策机遇外，还有一系列特殊机遇。

看将来，民营经济大有可为。就我省民营经济的现状而言，数量不是多了，而是还很不够；质量不是强了，而是还比较弱；效益不是高了，而是还比较低；速度不是快了，而是还比较慢。从一定角度讲，我们发展的活力不足，很大程度上是民营经济活力不足。换个角度来看，民营经济是山东未来发展的巨大"潜力板""绩优股"。

【解读："三看"简明扼要地阐发了民营经济的过去、现在和将来，强调过去贡献很大、现在机遇良好、未来发展可期。这种概括方式有一

定新意，既简明，又有较大纵深，容量很大，可以装很多素材。】

## 二、支持民营经济怎么办——以更加有力有效的政策举措，急企业之急、帮企业之困、解企业之难

主要有"五难"：一是融资难。二是降成本难。三是要素保障难。四是创新难。五是知识产权保护难。对有些问题，省委、省政府正在全力推动解决，有些还需要各级拿出更精准的措施。总的想法是，推出实施更多"能感知、有温度、见效果"的政策举措。

一要更加扎实地抓好政策落实。在调研中，有企业反映，"看到政策，无法享受；看到空间，无法进入；看到机会，无法把握"。我感到，"好政策"落地见效有两个条件：一个是各级都要有政策"执行力"，能在操作上细化实化到位，打破"卷帘门""玻璃门""旋转门"的阻隔。再一个就是提高政策"知晓度"。评价政策好不好，就看企业家脸上笑不笑、笑得灿不灿烂。如果笑得很灿烂，说明政策很好；笑得不怎么样，那说明政策一般；没笑脸，那说明这个政策就没有用。

【解读：既指出了民营企业难在何处，又形象地提出了检验政策落实的标准。】

二要更加精准地推出政策创新。精准对接民营企业需求，加大政策创新力度。对大家提到的科研投入问题，重点项目和重点企业培育问题，促进军民融合深度发展问题，金融创新包括融资担保、融资风险补偿问题，以及土地、财政、税收等方面的问题，都要抓紧研究，不断推出一些新的政策措施。在政策执行和落实上，国有企业、民营企业要一视同仁，大中小企业要一视同仁。

【解读：提出了政策创新的具体点位。】

　　三要更加有效地提供要素保障。大家反映的"钱、地、人"和环境容量等问题，是各地企业共同面临的难题。破解的出路，一方面靠政府创新，另一方面靠企业挖潜，把企业的内生动力、市场的资源配置能力、政府的外部推动力结合起来。针对不同企业的不同"痛点"，开出不同"药方"，"一企一策"解决问题，把政策落实到每一个企业。

　　四要更加贴心地提供涉企服务。近期，我们组织"千名干部下基层"，目的是帮助企业解决实际问题。正在推行"政商直通车"，建立快捷高效帮办机制。当然，帮办不是包办。领导干部联系企业应该干什么？不是给企业弄点什么特殊优待，而是要了解实际情况、促进政策落实，了解企业在政策落实过程中有什么新的困难、帮扶解决困难，然后针对这些共性问题，研究提出解决问题的政策建议。

　　【解读：提出了领导干部帮企业该怎么帮、帮什么。帮办不是包办。读来有一定新意。】

　　五要更加有力地优化营商环境。当前最重要的是营造提升企业家信心的环境。我们除了全力抓好放管服和"一次办好"改革外，还要办好"四件事"：一是对标世界银行"企业营商环境指标"，省对各市开展环境质量综合评价，公布评价结果，倒逼环境改善。二是营造尊商重商的社会环境，破除"官本位"思想。事实上，对政务环境、商务环境影响最大的，就是背后的文化环境。在全社会培育创新创造、尊重企业家的土壤，至为关键，这比眼睛只盯着项目资源重要得多。三是把各级各部门支持和引导民营企业特别是中小企业克服困难、创新发展方面的工作情况，纳入干部考核考察范围。要把支持民营企业作为检验干部能力，特别是驾驭市场能力、抓落实能力、推动发展能力的重要尺度。四是探索建立政商关系"亲"和"清"的机制，划清"安全区"，鼓励干部大胆服务企业、与企业家正常交往。要保护好企业家人身和财产安全。

【解读：把支持民营经济发展纳入干部考核，是创新的探索。明确提出鼓励干部与企业家之间"亲""清"交往，并划出"安全区"。"安全区"提法有新意。】

### 三、民营企业家怎么干——牢记习近平总书记嘱托，心无旁骛创新创造，踏踏实实办好企业

一是永葆创业激情。我们处在瞬息万变的时代，唯一不变的就是"变"。哈佛商学院对成功五大要素作了新的概括，第一位的就是激情。有一项研究表明，成功与年龄无关，激情也不只属于年轻人。企业家创业要永不停步，要有"二次创业""三次创业""多次创业"的进取精神。同时，要聚焦主业，脚踏实地。有的民企偏离主业、"脱实向虚"，或者是通过高负债扩张，遇到流动性困难，教训非常深刻。希望我省的民营企业家牢记习近平总书记的谆谆教导，加强自我学习、自我教育、自我提升，专心专注做主业，用心用力搞创新。

【解读：要求民营企业家保持激情、聚焦主业，这是对民营企业发展经验教训的总结。】

二是勇于改革创新。改革创新是企业发展之源。对企业来说，创新主要有两种，一个是制度创新，一个是技术创新。一方面要向改革要活力。"家族式""作坊式"肯定做不强、做不大、做不远，既无缘与强企联合，更谈不上进军资本市场。另一方面要向创新要动力。研究表明，企业研发投入强度在 5% 以上时竞争力可以充分发挥，2% 时仅能够基本维持，低于 1% 时则难以生存。当然，还有其他创新，像模式创新、管理创新、产品创新等都很重要。特别要重视研究互联网、大数据、云计算、工业

物联网等对产业的影响，顺应和把握发展趋势。在树立什么样的产业导向上，省委、省政府的态度是非常明确的：对结构不合理、产业低端、小散乱，高污染、高耗能、高排放、高安全隐患、收益低，安全标准不过关、环保标准不过关、能耗标准不过关、质量效益低的项目和企业，我们坚决不支持！

【解读：民营经济是改革创新的成果，也需要在深化改革创新中推进高质量发展。】

三是加快队伍建设。首要的就是企业家精神的塑造。全社会要弘扬企业家精神，尊重企业家；企业家要珍视自身的社会形象，以实际行动诠释优秀企业家精神。一个企业没有企业文化、一个企业家没有企业家精神，说到底，就等于没有根本。企业家精神最根本的是什么？就是社会主义核心价值观。我们山东是孔孟之乡、礼仪之邦。儒家思想讲"仁义礼智信"，讲"四维""八德"；儒商追求以人为本，以诚立身，以信为重，以和为贵。广大企业家要从包括儒家思想精华在内的中华优秀传统文化中汲取精神营养，带头践行社会主义核心价值观，努力为企业员工当好表率，为全社会树立榜样。要遵纪守法。我们坚决支持讲诚信的企业，决不保护落后，决不保护失信企业。

【解读：民营企业家也要加强自身建设，这是落实习近平总书记重要讲话精神的要求，有很强的针对性。】

四是担当社会责任。环保责任、安全责任、降耗责任、减排责任、保障职工权益责任等，都是企业和企业家义不容辞的责任，必须承担起来。同时，要回报社会，做好社会公益事业。当然，这要立足于企业实际和意愿，量力而行，不能搞"轰动效应"，要实打实。

五是重视企业党建。一代代企业家的成长，得益于党的改革开放政策。作为党员企业家，听党话、跟党走是政治本分，要增强"四个意识"，坚定"四个自信"，坚决做到"四个服从""两个维护"。各类企业都要切实加强企业党组织建设，真正做到企业发展到哪里，党的组织就建立到哪里，党的工作就开展到哪里，推动党建工作与企业生产经营有效融合，用党建工作的"魂"统领企业发展，让党建工作的"根"培育先进企业文化，促进企业健康发展。

【解读：这是对民营企业家在政治方面明确提出的要求。企业发展到哪里，党的工作就要开展到哪里。】

这篇讲话，政治表态坚决，对民营企业发展的支持旗帜鲜明，既动真，又动情，可以说很精彩，是同一时期就民营企业发展话题表态讲话的一个范本。这个讲话有几个比较突出的特点，值得文稿起草人用心把握和体会。

一是对讲话基调把握精准，体现应有的姿态。开头就点明是"重点就学习习近平总书记重要讲话精神，谈几点体会，与大家共同交流"。表明这个姿态，有两层含义。第一个是对上的，是就学习习近平总书记重要讲话精神谈体会，这是政治态度。党的总书记专门召开民营企业家座谈会并发表重要讲话，重申"两个毫不动摇"，公开声明"民营企业和民营企业家是我们自己人"，这是近年来少有的。总书记的表态，意义重大，影响深远。这一方面说明，当时已经存在着不少质疑民营企业健康发展的声音，绝不可等闲视之，需要党的总书记出来发声以正视听。另一方面也说明，民营企业发展面临着许多不容忽视的突出困难和问题，必须引起高度关注、切实加以解决。第二个是针对民营企业家的。与民营企业家以"体会""交流"的方式座谈，不居高临下，而是平等对话，这也是落实习近平总书记关于"民营企业和民营企业家是我们自己人"的重要指示。很多时候，形式、姿态体现的也是政治态度和政治行动。

二是以设问的方式架构全篇，增添了讲话的新颖感、亲切感。"对民营经济怎么看"，这是讲清民营经济的重要地位和作用，解决思想认识问题。"支持民营经济怎么办"，这是正视民营经济发展存在的困难和问题，拿出务实的办法和措施帮助解决。"民营企业家怎么干"，这是对民营企业家提出的要求。三个方面体现了对习近平总书记重要讲话精神内涵的把握和贯彻，构成一个完整的逻辑整体。讲话全面回答了民营企业如何健康发展的问题，那就是既需要进一步解决思想认识问题，也需要政府和民营企业家双向发力、协力并进。过去讲支持民营经济发展时，从政府服务的角度讲得多一些，这是非常必要的，但并不全面。毕竟把企业搞好，企业家才是主体。对企业家提出希望和要求，这是讲话的突破点和创新点。

三是讲话内容既有地方特色，又有较高站位。"三个看""五个更加"和对民营企业家的五点期望与要求，都是在分析该省民营经济实际状况的基础上提出来的，很实在，很有现实的针对性，从而真切地将习近平总书记的重要讲话精神落到了实处。通过"实"来体现政治站位，就不至于把讲政治的内容写得空泛，更不会使人感到只有口号性的表述，而是体现在务实、落实、落效上。

四是多方面体现领导自己的风格。这篇讲话中有许多个性化的语言，体现了刘家义的个人特点，给讲话增色不少。比如，评价民营企业家的贡献时，指出"民营经济和民营企业家都是山东发展的重要推动力，是改革开放的重要探路者，是社会主义市场经济的重要活力源"。谈抓好政策落实时，指出"评价政策好不好，就看企业家脸上笑不笑、笑得灿不灿烂。如果笑得很灿烂，说明政策很好；笑得不怎么样，那说明政策一般；没笑脸，那说明这个政策就没有用"。讲落实惠企政策，要"针对不同企业的不同'痛点'，开出不同'药方'，'一企一策'解决问题，把政策落实到每一个企业"。领导讲话的个人风格，实际上是表明领导个人身份的一种重要标签。对这种外在的表现形式，文稿起草人应该有深刻的了解和把握，因为这会在一定程度上反映讲话稿与领导风格是不是有较高的契合度。

综合起来看，专题工作是为解决具体问题而展开的。这就要求关于专题工作的文稿一定要坚持问题导向，出实招、求实效，务求解决实际问题，切忌空对空。首先要搞清楚主题是什么，围绕主题还存在哪些突出问题，怎么分析和解决这些问题，再根据对这些方面的把握，精心设计文稿的主要观点和框架结构，这是文稿能否出彩的关键所在。内容定下来了，表现形式上可以不受传统套路的约束，尽量让观点更加鲜明、语言更加鲜活、结构更加新颖，以提升文稿的精彩度。

在这个前提下，讲话稿应尽量具有领导自己的风格，充分体现个人特色。2017年3月2日，时任湖北省省长的王晓东在湖北国际物流核心枢纽项目（即花湖机场）建设专题会上的讲话，就很好地体现了这一特点。这个讲话共有三部分。一是事关全局、影响深远。这是讲意义，用了"三看"：看重，是我国重要生产力布局；看大，事关湖北经济社会发展大局；看远，代表行业发展方向。二是压实责任、合力推进。地方主体之责、部门联动之责、各地配合之责。三是解决问题、如期开工。讲话短小精悍、措施有力，给与会者留下了极深的印象。

当领导，多为自己增加一些增添魅力的元素没什么不好，而把话讲得精彩，就是风采展示、能力体现、魅力所在。有魅力的领导，往往更具有号召力。有魅力的人，必然自带光环，有着更多令人信服的威望。魅力越强，越具备更多非权力因素赋予的影响力、吸引力和号召力，从而引来更多的追随者，这对于团结带领群众和推动实际工作是大有裨益的。

## 4.4 偷师学艺（四）：从范文中领会重大专题活动讲话稿的写作技法

领导参加的重大专题活动有很多种类型，可以分为许多门类，如重大赛事活动、重大外事活动、重大招商活动、重大推介活动，等等。领导的参与，往往是这类活动的"重头戏"，也是活动成功的重要标志之一。在这种活动中，领导发表讲话是重要议程安排。重大专题活动的领导讲话，包含着礼仪性表达的意蕴。同时，借助活动平台，也是展示一个国家、地区或单位的重要机会。在广为瞩目的重大平台上，或推介，或阐述重要观点，是领导活动中很常见的。

比如，2021 年 12 月 2 日，国家主席习近平在北京向 2021 年"读懂中国"国际会议（广州）开幕式发表视频致辞，阐述了"读懂今天的中国，必须读懂中国共产党"的重大观点。这一观点得到了广泛认同和回应。

2022 年 1 月 26 日，习近平主席在向首届全球媒体创新论坛致的贺信中指出，2022 年北京冬奥会即将开幕，中方将为世界奉献一届简约、安全、精彩的奥运盛会。此次论坛以"共享科技冬奥"为主题，希望与会嘉宾集智共商、交流分享，助力精彩展现冰雪运动独特魅力，发扬奥林匹克精神，共同推动奥林匹克冬季运动发展。这封贺信只有短短 108 个字，但鲜明地传达了两个方面的明确信号。一是坚定有力的态度。2022 年北京冬奥会"中方将为世界奉献一届简约、安全、精彩的奥运盛会"。在全球疫情肆虐之下，这个表态体现了中国政府的坚强意志。二是提出明确的希望。弘扬"共享科技冬奥"的主题，"助力精彩展现冰雪运动独特魅力"，引导人们去关注中国将要奉献的一次"别样"冬奥。

习近平总书记在许多重大专题活动中的讲话，言短意长，寓意深远，影响巨大，受到广泛赞誉。跟着习近平总书记学习文稿写作，首要的是学习其境界、格局、站位、情怀和文化根基。习近平总书记通观世界、总揽全局的宏阔视野，深深扎根于中国、根植于人民的浓浓情怀，深厚的文化功底和语言驾驭能力，是其讲话总是充满感染力的根本所在。

起草重大专题活动文稿有些什么特别的招数呢？这里选取 2018 年 7 月 12 日时任湖北省省长王晓东在外交部湖北全球推介活动上的推介辞，进行简单分析，举例说明。

## 奏响新时代长江之歌的湖北乐章

### ——在外交部湖北全球推介活动上的推介辞

鸟瞰中国，东部沿海弧形如弓，浩浩长江奔腾似箭，湖北恰在引弦扣箭处。湖北地处长江中游，是长江干线流径里程唯一超过千公里的省份，也是世界少有的集重要水资源、水生态、水工程、水产业、水文化为一体的区域。

【解读：开头交代湖北方位，以区位优势引出长江话题。这段话很有画面感，因为是推介，配合视频播放，让文字有强画面感是必须的安排。长江话题是推介的主题主线，并顺便将湖北的"水优势"凸显出来。】

2013 年 7 月和 2018 年 4 月，习近平主席两次亲临视察湖北、考察长江，推动湖北从长江走向世界。新时代长江之歌正在唱响全中国。我们期待与世界各地朋友一道，共同奏响新时代长江之歌的湖北乐章。

【解读：这一段是过渡，承上启下。以习近平总书记视察湖北、考察长江的事例点明主题，起势很高，赋予新时代长江之歌以新内涵。转入正文后，用四个"新时代的长江之歌"推介湖北，展现湖北新优势。】

新时代的长江之歌，是创新之歌。湖北是中国重要的创新资源富集地。我们把创新作为引领发展的第一动力，激发全社会创造力和发展活力。这里有全球最大的光通信研发生产基地武汉·中国光谷。这里有全球第一大光纤和预制棒供应商长飞公司。这里有我国第一颗自主研发的高精度北斗芯片。这里有中国第一个大规模生产存储芯片的武汉国家存储器基地。这里有以高效节能的绝对优势领跑全球的"空中造楼机"。惟楚有才，于今为盛。我们愿深化科技、产业和人才合作，抓住新一轮科技革命和产业变革的重大机遇，以创新驱动引领高质量发展。

新时代的长江之歌，是绿色之歌。湖北是"千湖之省"，纳入省政府保护目录的湖泊就有755个，拥有66个国家级湿地公园。素有"湖广熟、天下足"的美誉，淡水产品产量连续20多年居全国第一。我们把修复长江生态摆在压倒性位置，推出蓝天、碧水、净土三大保卫战，实施沿江化工企业专项整治等长江大保护十大标志性战役，推出覆盖产业、城镇、交通等领域的长江经济带绿色发展十大战略性举措，让湖北天更蓝、地更绿、水更清。丹江口水库每年为中国北方输送优质水源90多亿立方米，相当于每年为北方输送了5个英国泰晤士河的水量。各位使节在饮用来自湖北的洁净江水时，也将感受到荆楚人民千百年来治水兴水的不懈追求。我们坚持生态优先、绿色发展，大力发展数字经济、智能经济、绿色经济、共享经济等新经济，推动传统产业绿色化改造，培育壮大新动能。湖北成为中国最大的碳排放交易市场。世界级东湖绿道，人在景中游，景入画中来。我们愿深化绿色产业和环保合作，在世界从工业文明跃迁到生态文明的历史进程中拓展广度和深度。

新时代的长江之歌,是开放之歌。湖北是全国重要的高铁路网中心、高速公路网重要枢纽、长江中游航运中心。我们依托长江经济带,积极对接"一带一路",加快构建内陆开放新高地。向东,沿长江黄金水道,"江海直达"航线直通太平洋;向西,接丝绸之路,中欧班列(武汉)直达欧洲和中亚。近年来,湖北正成为世界关注的焦点,多国政要先后到访。2017年湖北海外直接投资企业达到145家,人福药业建成西非第一家现代制药厂,为非洲人民送去健康福音。安琪酵母公司成为埃及知名高新技术企业,在面包的发源地发酵出湖北味道。以中铁大桥局为代表的湖北建桥军团,在世界30多个国家设计建造了近200座特大桥。湖北对外开放之门越开越大,与世界沟通的桥梁越架越宽、越架越远。我们愿加强对外交流合作,以更大力度推进开放,着力打造中国内陆开放新高地。

新时代的长江之歌,是幸福之歌。实现人民对美好生活的向往是我们的奋斗目标。我们牢固树立以人民为中心的发展思想,着力提升人民群众的获得感、幸福感、安全感。连续五年把公共预算支出的75%以上用于改善民生。居民收入持续跑赢经济增速。实施保障性住房、棚户区改造,改善了335万户居民住房难题。城市人均居住面积超过45平方米,每百户城镇家庭汽车拥有量超过24辆。武汉百步亭社区居住着16万人,丰富多彩的生活和细致入微的管理,将大社区融合成了一个幸福美满的"大家庭"。春季田野踏青、夏季乡村避暑、秋季登山赏叶、冬季林海滑雪,四季乡村游,精彩等您来。我们热诚欢迎全球各地的朋友来湖北共享幸福生活,共赏秀美山川。

【解读:用四个"新时代的长江之歌"全面推介湖北,始终把握住"长江"这条主线,把湖北的优势作了一个全景式展示,文字简练,意境优美，内容丰富。四个"新时代的长江之歌"的组合，互相支撑，逻辑严密，气势十足，表现出外交部推介活动的强大气场和深远影响。】

中华民族一直倡导"世界大同、天下一家"的美好理想。今年4月，习近平主席在博鳌亚洲论坛上，郑重宣示了新时代开启中国同世界交融发展新画卷的坚定信念和扩大开放的重大举措。万里长江滚滚向前，时代潮流浩浩荡荡。我们将以习近平总书记视察湖北重要讲话精神为指引，抢抓长江经济带绿色发展历史性机遇，奋力谱写新时代湖北高质量发展新篇章。在这里，我代表6100万荆楚儿女，真诚发出邀请，愿同世界各国朋友，在构建人类命运共同体的进程中，共同探索新时代合作之道、发展之道、共赢之道，携手共创更加辉煌灿烂的明天！

【解读：尾段是对全文的提升，从中华民族"世界大同、天下一家"的传统理念，到习近平总书记倡导的构建人类命运共同体，把目光更充分地聚焦到推介的主题上来：探索新时代合作之道、发展之道、共赢之道，促进人类命运共同体的构建。借推介平台，以一省视角，阐述中国的理念，站位高，从而把推介推向一个高潮。】

从上述例文分析中可看出，在重大赛事活动、重大外事活动、重大招商活动、重大推介活动等重大专题活动上的讲话，具有一个共同特点，那就是多数属于主旨演说类的讲话，这与主要为解决矛盾问题、安排部署任务的专题工作讲话是不同的。专题工作讲话主要目的是明确任务、安排部署，推进工作实施。这类讲话往往是上对下提出工作要求，带有布置性、安排性、指使性，是必须执行到位的。而主旨演说的主要目的是介绍情况、阐发主张、展望愿景、提出期望等，意在向外界推介自己，让更多的人了解自己的实情，对大家共同关心的话题提出完善治理的意见和建议。至于这些介绍和推介，听者能不能听得进去、意见和建议能不能被接受或被接受多少等，那是不必强求的。

起草这类文稿，必须把握主题、主线、气势三大关键要素。

主题。许多重大专题活动的主题是既定的，讲话稿的起草围绕主题展开即可。比如，北京是唯一既举办过夏季奥运会，又举办了冬季奥运会的城市，2008 年举办的夏季奥运会和残奥会的主题口号是"同一个世界，同一个梦想"（One World , One Dream），2022 年北京冬奥会和冬残奥会的主题口号是"一起向未来"（Together for a Shared Future）。在全球应对新冠肺炎疫情的大背景下，北京冬奥会和冬残奥会的主题口号展现的是人类面对困境时的坚强姿态，表达了对美好未来的憧憬，传递着信心和希望。北京"双奥"主题口号之间有着一脉相承的特性，这一点非常明显。主旨讲话一般就是围绕主题口号，做更全面而深入的阐发。

还有一种情况，主办方并没有事先设置明确主题，而是由主讲人根据活动的要求，自主选择主题和讲什么、怎么讲。如范文中的 2018 年外交部湖北全球推介活动，就是由外交部搭台，向外推介的主题则由湖北自定。湖北最鲜明的特征是长江，因而"由长江走向世界"是绕不开的主题。曾经广为传唱的《长江之歌》很多人耳熟能详，因此将推介的主要内容选定为四个"新时代长江之歌"，蕴含着深入贯彻落实习近平总书记视察湖北、考察长江的重要指示精神，深入实施长江"共抓大保护、不搞大开发"战略安排。这样的主题切合实际、立意高远、特色鲜明，让人印象深刻，达到了推介的良好效果。

主线。如果说主题是文稿的中心思想，那么主线则是确保中心紧凑而不致散乱的连接链条。好文稿，既要主题明确，又必须主线清晰。主题决定文稿的观点能不能立得住，主线决定文稿的轮廓是不是分明、主题是不是能够得到充分展开。一篇文稿的主题只有一个，但行文要做到

"形散而神不散"，就得靠文稿的主线来贯通、连接、捆紧。文稿主题再好，主线不清，必然会导致逻辑紊乱、行文混乱、措辞杂乱，不见章法、不知所云。湖北这篇推介辞，贯穿全文始终的是"长江"。湖北是长江唯一干流流径里程超千公里的省份，这条中华民族的母亲河，赋予了荆楚大地精气和灵魂。用长江作主线，牵引贯通全篇，把全文紧密连接，使全文浑然一体，恢宏大气，令人信服。

气势。文稿没有气势，就会显得蔫头蔫脑、没有精气神。这样的文稿就吸引不了人，更谈不上打动人、说服人。

具有强大气场效应，对于带有演说性质的讲话而言尤其重要。如果气势不足，显得病恹恹的，实际上就是自矮三分。如果是比赛，在气势上先输了，也就输了大半。气势装不出来也秀不出来，装腔作势只会"作死"，不可能"作生"。文稿要有气势，靠的是高远的立意、宏大的架构、缜密的思维、流畅的行文、优美的辞章。总之，文稿必须大气才有风采，不能细眉小眼、小家子气十足。毛泽东的诗文，雄浑大气跃然纸上，字里行间力透着这个千古伟人的雄才大略、非凡魅力。1945年重庆谈判期间，柳亚子先生将《沁园春·雪》首次公开发表出来，这首由毛泽东创作于1936年的词作，透出万丈豪情、盖世气魄，一经面世，就在国统区产生了无与伦比的巨大轰动。毛泽东的一首词竟然产生出如此强大的冲击效应，从一个侧面反映出共产党的"强大气势"和国民党的"气数殆尽"，以至于国民党汇集党内精英，千方百计力图创作出能够压倒毛词的作品，却无功而终。那些由所谓"精英"创作出来的作品，在意境、格局、创作手法等方面均与毛词相差甚远，尤其是在气势上更无法相提并论。共产党与国民党，一个如旭日初升，一个如夕阳西下，气势上本就不可同日而语，从《沁园春·雪》这首词中就能看出端倪。

# 4.5 偷师学艺（五）：从范文中领会重要专题宣讲稿的写作技法

现今，领导干部讲专题党课、作重要宣讲，已经成为常规性的工作。专题宣讲稿的起草既有一定的综合性，也有很强的专业性，在学理性、学术性方面的要求也比较高。不同于安排部署工作的专题会中用于专题工作的讲话稿，把工作意义讲明、工作要求讲清、工作任务布置下去即可，不管听者愿意不愿意都必须无条件执行和落实，宣讲稿重在以理服人、以情动人、以事感人。在文稿写作的要求和技巧方面，宣讲稿的起草实际上已经突破了一般的机关单位文稿起草的常用范式。重要的专题性宣讲，对领导和文稿起草者而言，都是新的挑战。因此，这里就这类文稿的起草，专列一个小节进行一些分析。

下面是时任湖北省省长王晓东在该省十堰市"不忘初心、牢记使命"主题教育活动中，给该市领导干部专门就脱贫攻坚讲党课的用稿。这个讲稿共有四部分，最突出的特色体现在主题和第一、三部分，这里节选时做了删减，略进行一些分析。

## 用最真挚情感把总书记"最牵挂的大事"做深做实

### ——学习领会习近平总书记关于扶贫工作的重要论述

脱贫攻坚是习近平总书记"最牵挂的大事"。把总书记"最牵挂的大事"抓实办好，是我们必须扛起的重大政治责任。下面，我谈四点体会。

【解读：直接用习近平总书记"最牵挂的大事"做标题，很有冲击效果，一下抓住听者的心理——什么是习近平总书记"最牵挂的大事"？这个话题十分新颖，吸引大家听下去。】

## 一、办好总书记"最牵挂的大事"，是我们的重大政治任务和使命担当

### （一）这是践行"两个维护"的重要要求。

践行"两个维护"不是空洞的，而是具体的，必须体现在坚决贯彻党中央决策部署的实际行动上。把习近平总书记"最牵挂的大事"抓实办好，就是对核心的最大忠诚、最好维护。

【解读：这段话概括得非常有力量，直接点出了做到"两个维护"的核心是什么。而把"习近平总书记'最牵挂的大事'抓实办好，就是对核心的最大忠诚、最好维护"，这就是最高的政治站位。】

习近平总书记对脱贫攻坚的思考、谋划和实践探索，是一以贯之的。特别是党的十八大以来，习近平总书记以磐石决心、磅礴气势和顽强毅力抓脱贫攻坚，引领中国反贫困事业取得决定性进展。在这场伟大实践中，积累形成了一系列关于扶贫工作的重要论述。我们可从8个方面领会把握：一是从战略任务看，深刻领会"决胜脱贫攻坚，共享全面小康"的论述；二是从政治保障看，深刻领会"坚持党的领导，强化组织保证"的论述；三是从科学方法看，深刻领会"坚持精准方略，提高脱贫实效"的论述；四是从要素保障看，深刻领会"坚持加大投入，强化资金支持"的论述；五是从工作格局看，深刻领会"坚持社会动员，凝聚各方力量"的论述；六是从脱贫质量看，深刻领会"坚持从严要求，促进真抓实干"的论述；七是从脱贫主体看，深刻领会"坚持群众主体，激发内生动力"的论述；八是从全球减贫看，深刻领会"携手消除贫困，共建人类命运共同体"的论述。习近平总书记关于扶贫工作的重要论述，是习近平新时代中国特色社会主义思想的重要组成部分，为我们打赢

脱贫攻坚战提供了思想武器、行动指南和根本遵循。习近平总书记既是这一重要论述的提出者，更是实践者、推动者。有三个方面，给我的印象极为深刻。

【解读：系统梳理习近平总书记关于扶贫工作的重要论述，颇见功底，足见下了功夫，反映宣讲人对习近平新时代中国特色社会主义思想的学习深度和领会程度。既然是宣讲，就应体现应有的理论深度。这对于授课来说是必要的，也是添彩的。如果理论涵养不够，却要硬性去作理论宣讲，就难以说服人，效果也可能会适得其反。】

第一，不厌其烦地反复讲。党的十八大以来，习近平总书记强调最多的关键词之一就包含脱贫攻坚，并且反复讲，这是他最关心、最担心、最揪心、最不托底、花精力最多的事。总书记到地方视察，走到哪里，脱贫攻坚就讲到哪里。2015—2019年，连续五年的新年贺词，"脱贫攻坚"始终是不变的主题词。习近平总书记动情地说，"我最牵挂的还是困难群众""我始终惦记着困难群众"。这些深情表述，既是谆谆教诲，也是严肃要求，我们要用心体会、用情践行、用力落实。

第二，不惧其细地科学谋。习近平总书记对脱贫攻坚工作，谋划之全面、部署之具体，足以反映他对这项工作的用心之深、用力之重。2012年，总书记在河北阜平提出"两个重中之重"（"三农"工作是重中之重，老少边穷地区要把扶贫开发作为"三农"工作重中之重)和"三个格外"（对困难群众要格外关注、格外关爱、格外关心）等。2013年，在湘西十八洞村首次提出精准扶贫思想。2014年，提出精细化管理、精确化配置、精准化扶持等。2015年，提出"六个精准""五个一批"，中央扶贫工作会上系统阐述精准扶贫精准脱贫基本方略。2016年，提出实施最严格考核、建立大扶贫格局等。2017年，提出全面加强深度贫困地区脱贫攻坚力度。2018 年，提出坚持目标标准、加强扶贫领域作风建设等。2019 年，强调扎实做好今明两年脱贫攻坚工作、集中优势兵力打歼灭战等。这些重要论述，为脱贫攻坚提供了最管用的方法论指引。

第三，不辞其劳地亲自抓。习近平总书记对脱贫攻坚不仅顶层谋划指方向，更是亲力亲为抓推进，始终抓得紧、抓得实、抓得细。他讲，"40 多年来，我先后在中国县、市、省、中央工作，扶贫始终是我工作的一个重要内容，花的精力最多"。这里列举几个方面：一是党的十八大以来，访贫问苦的脚步遍布 14 个集中连片特困地区，到过中国绝大部分最贫困的地区，每年都多次亲自研究谋划、亲自推动实践，力度之大前所未有。二是总书记亲身示范，带领五级书记抓脱贫攻坚。在湘西十八洞村，苗族大娘不认得总书记，问："该怎么称呼您？"总书记回答："我是人民的勤务员。"每到贫困群众家中，总书记总要走进厨房看一看、揭起锅盖瞧一瞧，以实际行动示范如何把工作抓实抓细。三是中央专门就脱贫攻坚开展巡视，这是首次围绕一个主题、集中在一个领域开展专项巡视，释放出坚决抓实脱贫攻坚的强烈信号。四是党的十九大把精准脱贫作为三大攻坚战之一。这些都充分展现了总书记一抓到底、决战贫困的强大定力、坚定信心和顽强意志。

【解读："三个不"的概括，体现宣讲人不走寻常路线的归纳概括方式，卓尔不凡，颇有新意，吸引人听下去。这种归纳听起来让人印象深刻，也很好做笔记，便于事后重温，体现了宣讲人对受众心理的准确把握。三个方面均以讲述习近平总书记亲身经历的方式呈现，把总书记的形象展现在听者面前，让人倍感真切、倍感亲切。】

习近平总书记"最牵挂的大事"，就是对我们工作的最强号令、最鲜明导向。我们要坚决听从总书记指挥、紧跟总书记节奏，把脱贫攻坚作为重大政治任务、重要工作责任，抓紧抓实抓好，为总书记分忧、向总书记交账、让总书记放心。

【解读：这段话是对前文"三个不"的总结和升华，明确提出"习近平总书记'最牵挂的大事'，就是对我们工作的最强号令、最鲜明导向"。"要坚决听从总书记指挥、紧跟总书记节奏，把脱贫攻坚作为重大政治任务、重要工作责任，抓紧抓实抓好"。这样的表达方式，让这些本来很容易显得空泛的论述更实在、更可信。】

**（二）这是践行初心使命的重要体现。**

第一，兑现庄严承诺，要继续加油、继续努力。习近平总书记强调，到 2020 年如期完成脱贫任务，全面建成小康社会，是党对人民的庄严承诺，必须实现，而且必须全部实现，没有任何讨价还价余地。现在，离 2020 年只剩不到一年半时间，我省任务还很艰巨。从区域看，还有 6 个深度贫困县未摘帽，304 个深度贫困村未出列。已摘帽、出列的，巩固提升任务很重。从数量看，存量贫困人口 98.3 万，在中部排第 2 位。从人群看，因残致贫占比 20.1 ％，因病致贫占比 49.9 ％，60 岁以上占比 32.9 ％，都是难中之难。从问题看，教育、医疗、住房"三保障"还有不少薄弱环节，生态环境、公共服务、基础设施等短板明显。这些问题不解决好，承诺就会落空。

【解读：如期完成脱贫攻坚任务，全面建成小康社会，是党对人民的庄严承诺。这就是践行党的初心和使命，体现了从政治上把握的站位高度，同时与学习教育活动的主题相衔接，起到了点题的作用，这也是此次宣讲的主要目的。行文时用分类数据和事实说话，增强了说服力。】

第二，出于知恩感恩，要继续加油、继续努力。上午，我到了郧西县调研。这是有名的革命老区、"湖北解放第一县"，贺龙、徐向前、李先念等先辈在此浴血奋战。我们知道，老区是整个革命战争的主要支撑，意味着巨大奉献和牺牲。"最后一碗米送去做军粮，最后一尺布送去做军装，最后一件老棉袄盖在担架上，最后一个亲骨肉送去上战场"，唱的就是老区。革命老区是党和人民军队的根，是共和国的本，我们要饮水思源、知恩感恩，不能断了根、忘了本，什么时候都不能忘了革命老区、不能忘了老区人民。我省9个深度贫困县都在革命老区，存量贫困人口20万，占全省存量比例超过1/5。我们一定要尽心竭力帮助老区打好脱贫攻坚战，让老区人民过上好日子。否则，我们有何脸面向历史，向先烈、向老区人民交代？

【解读：有些深度贫困地区在一定程度上与革命老区是重叠的，这是一个基本事实，从另一个侧面反映出革命战争时期的艰辛和老区人民的奉献。"革命老区是党和人民军队的根，是共和国的本，我们要饮水思源、知恩感恩，不能断了根、忘了本"。这样的用语很容易击中人们心中最柔软的情感，从而产生强烈的共鸣、共情。】

第三，作为本职本分，要继续加油、继续努力。人民政府为人民，我们所做的一切，就是要让人民过上好日子。打好脱贫攻坚战，是政府的本职本分，打不好就是失职失责。7月23日我在保康调研，有个脱贫户叫朱兴海，讲得最多的是感谢共产党，感谢习近平总书记，我听了很感动。事实证明，只要我们真心为人民群众排忧解难，人民群众就会发自内心感激、发自内心拥护党和政府。人民对我们越是心怀感激，我们就越要有强烈的责任感和使命感，越要把惠民利民的事办实办好。

【解读：这一段化用了习近平总书记"人民对美好生活的向往，就是我们的奋斗目标"，表达了人民政府为人民。人民政府所做的一切，就是要让人民过上好日子。文中所讲的朱兴海的故事，是宣讲者在调研中获得的鲜活实例。朱兴海一而再、再而三感谢共产党和习近平总书记，让人十分感动。"人民对我们越是心怀感激，我们就越要有强烈的责任感和使命感"，这样的结论是自然而然产生出来的，这就是宣讲所要达到的效果。】

在脱贫攻坚主战场，全省共选派了 7.85 万名驻村干部，有 24 人牺牲在扶贫一线，他们是当代最可敬最可爱的人。十堰市扶贫办原副主任黄星同志就是其中的优秀代表。他 22 年如一日奋战在扶贫战线，去年春节，他放弃休假投入工作，因劳累过度突发心脏病去世，牺牲前一天还加班到深夜。听了黄星同志的事迹，我既为失去一位好干部而深深难过，也为他矢志不渝践行初心使命的精神深深感动。我们要学习以黄星同志为代表的一大批优秀扶贫干部对党无限忠诚、对人民满怀深情、对工作极端负责的品格和作风。

【解读：专门用一小段，讲述脱贫攻坚一线的干部所作出的巨大奉献和牺牲，并且特别讲到十堰干部黄星同志牺牲的事迹，感人至深。许多在场的听众流下了热泪，使党课的效果超过了预期。文稿做这样的安排，以身边人、身边事举例，表明宣讲人对情况的熟知程度，用意深邃，感人至深，独具匠心。】

**（三）这是托举伟大复兴的重要举措。**

脱贫攻坚，一头连着人民幸福，一头连着民族复兴。我们要始终站在中华民族伟大复兴的历史高度，坚决把脱贫攻坚战打赢打好。

第一，全面小康的关键一步。如期完成脱贫任务，是实现全面小康、迈向伟大复兴的关键一步、标志性一步，是高质量发展必须跨越的重要关口之一。只有坚决打好这场硬仗，才能为全面建成小康社会、实现第一个百年奋斗目标，进而向第二个百年奋斗目标进军打牢坚实基础。

第二，助推发展的潜力板块。帮扶贫困地区，既是促进脱贫，也是促进发展；既是为发展补短板，也是为发展增后劲。从十堰看，绿色资源是全市最大的资源、最大的价值、最大的品牌。十堰最大的功能是生态功能，最大的责任是确保"一库清水北送"。我们要把贫困地区作为发展的潜力板块、增长板块来重点谋划、重点支持、重点打造，为推动高质量发展增添强劲动力源。

第三，彪炳史册的人间奇迹。消除贫困是世界性难题。中华民族千百年来一直为此而顽强奋斗，但历朝历代都没有解决这个问题。在中国共产党的坚强领导下，我国脱贫攻坚取得了决定性进展。特别是党的十八大以来，以习近平同志为核心的党中央，以史无前例的气魄、力度，向消灭贫困发起总攻，每年减贫人口达千万以上，成就举世瞩目。贫困发生率方面，1978年我国仅有不到3％的人口在贫困线以上，到2018年贫困发生率下降到1.7％。贫困人口方面，30多年累计减贫8亿多人。联合国发布的《千年发展目标2015年报告》中指出，中国对全球减贫贡献率超过70％。我国成为全球最早实现联合国减贫千年目标的发展中国家，创造了震撼世界的人间奇迹。这是人类减贫史上前所未有的伟大壮举，是中华民族发展史上前所未有的伟大壮举。

【解读：站在中华民族伟大复兴的战略高度，坚决把脱贫攻坚战打赢打好，这是对"不忘初心、牢记使命"主题教育活动的直接呼应、最好诠释，以体现讲稿所具有的政治站位，并以此再次点题。】

## 二、办好总书记"最牵挂的大事"，必须以强烈的自我革命精神检视和整改问题（略）

## 三、办好总书记"最牵挂的大事"，必须学习总书记的科学工作方法

在脱贫攻坚中，习近平总书记不仅领衔挂帅、更亲自推动，指导解决"过河"的"桥或船"的问题。先后6次主持召开专题座谈会，每次都聚焦聚力解决一个阶段的重点问题。总书记亲力亲为，既是给我们作出示范，也是教给我们工作方法。

【解读：这种安排比较巧妙，既宣讲了习近平总书记关于扶贫工作的方法论，也将必须解决好的突出现实问题置于其中，找到解决的路径和办法，理论与实际实现了完美结合。以跟习近平总书记学方法为切入点，展开讲述"如何抓"，是非常新颖的文稿写法。】

（一）向总书记学抓重点，把握工作的着力点。

重点就是工作着力点、发力点，抓重点就是抓主要矛盾和矛盾的主要方面。"两不愁三保障"突出问题是脱贫攻坚的最后堡垒。总的看，我省"两不愁"基本解决了，"三保障"还存在不少明显短板。概括起来就是要解决好"3＋1"问题。

第一，在义务教育方面。教育是阻断贫困代际传递的治本之策，是回报最高的扶贫投资。结合我省贫困地区实际，要下功夫做好三件事：一是着力做好控辍保学。二是着力改善基层办学条件。三是着力稳定基层教师队伍。贫困地区年轻教师下不去、稳不住是个大问题。要着眼有利于乡村教师留得住、稳得住，有利于教师队伍素质提高，专题研究解决招录指标、招录条件和配套保障等问题，确保贫困地区师资力量稳定。

第二，在基本医疗方面。重点是要解决好三类问题：一是稳定和完善医疗政策。二是稳定和提升基层医疗服务能力。三是稳定和提高医疗队伍水平。在广大农村，尤其是贫困村，仅仅建了好看的医务室是不够的，怎么吸引留住医务人员才是关键，是目前各地面临的共性问题。从政策层面入手，研究稳定乡村医务工作者的具体举措，不断提高基层医疗服务队伍素质。

第三，在住房安全方面。一是加快推进危房改造。要坚持应搬尽搬、应改则改。二是提高自然灾害防治能力。特别是恩施、十堰等山区，要高度重视地质灾害防治工作，提高综合防灾减灾救灾能力，确保人民群众生命财产安全。三是做好后续帮扶工作。重点是要解决易地扶贫搬迁安置点产业空心化问题。易地扶贫搬迁任务完成后，工作重心要及时转移到群众长远生计和后续发展上来，"挪穷窝""换穷业""拔穷根"一起抓。

第四，在饮水安全方面。湖北水资源是优势，饮水安全长期没有解决好，说不过去啊！我们在着重解决"两不愁三保障"突出问题的同时，突出饮水安全这一项。一是在巩固提升上下功夫。二是在消除饮用水源地安全隐患问题上下功夫。三是在重大水利工程建设上下功夫。

【解读：没有重点就没有政策。重点就是工作的发力点、着力点、突破点。这些都是人民群众急需解决的重大问题，是得民心的大事要事。】

**（二）向总书记学抓根本，牵住脱贫的"牛鼻子"。**

贫困地区脱贫的根本问题，习近平总书记用三句话讲得非常透彻。第一句话："发展是甩掉贫困帽子的总办法"；第二句话："把发展作为解决贫困的根本途径"；第三句话："发展产业是实现脱贫的根本之策。要因地制宜，把培育产业作为推动脱贫攻坚的根本出路"。总书记这三句话告诉我们：解决贫困问题根本靠发展，抓发展根本靠产业。要因地制宜、分类指导、发挥优势、"四手"联动，协同发力、形成合力。

【解读："三句话"的概括，既抓住了习近平总书记关于扶贫工作重要论述的核心内容，也找到了解决问题的主要办法。这体现了宣讲人的理论功底和学习深度。】

第一，政府"有形之手"更加有力有效。脱贫攻坚，政府是起主导作用的。在产业扶贫上，政府"有形之手"必须发挥好。特别是在扶贫产业项目建设上，要持续加大力度。一是善于从产业规划中找项目。加快推动产业规划落地落效，深度谋划一批重大项目，提高产业发展、产业扶贫支撑力。二是善于从产业链条中找项目。延伸产业链，提高价值链，才能让贫困群众深度受益。要结合各地产业结构和产业布局，围绕"强链、补链、延链"，策划招引一批带动能力强的产业项目和配套项目，厚植产业扶贫优势。三是善于从本地优势中找项目。神农架的中蜂产业发展，郧西的劳动密集型产业和百万千瓦清洁能源项目，都是立足于当地资源优势，选准并规划推动发展的优势产业项目。

第二，市场"无形之手"更加充满活力。产业扶贫必须遵循市场经济规律，市场是脱贫致富的源头活水。市场主体强则产业强，市场主体活则产业活。一是培育更多龙头企业。龙头企业具有理念、技术、资本、人才等优势，能够把"小生产"引入"大市场"。越是贫困地区，越要更大力度优化营商环境，用灵活有效的办法和措施，吸引各类要素流向贫困区域和扶贫领域，加快培育壮大一批带动能力强的龙头企业。二是培育更多各类合作社。合作社的生命力在"合"，在于把分散的农户组织起来，有组织才有力量，有规模才有效益，把贫困户联系在产业链上，脱贫就有稳定基础。三是培育更多示范能人。要健全致富能手结对帮带贫困户的有效机制，发挥好联农带富的示范带动作用。

第三，群众"勤劳之手"更加充分发挥。习近平总书记反复强调，贫困群众是脱贫攻坚的对象，更是脱贫致富的主体，脱贫致富终究要靠贫困群众用自己的辛勤劳动来实现。俗话说，一勤天下无难事。从贫困户角度来讲，只要肯干，就没有改变不了的面貌。从政府角度来讲，对广大贫困户还要加大支持力度。一方面，要尊重扶贫对象主体地位。问需于民、问计于民，各类扶贫项目和活动要围绕贫困群众需求来进行。另一方面，要加强技能培训。"一人有技能，全家有指望"。对有劳动力贫困户，加大技术、技能和转移就业等培训力度，拓宽培训途径，提高就业创业本领。

第四，互联网"神奇之手"更好续写传奇。互联网时代抓扶贫，不能不利用互联网这只"神奇之手"。贫困地区在地理上搬不走，但区位劣势可以通过互联网弥补。郧西县下营村这么一个偏远深山村，成为"湖北淘宝第一村"，这是谁也没有想到的。2018年这个村电商营业收入达1.5亿元，带动贫困户50户232人。这就是互联网的神奇魔力。互联网为偏远山村打开了山门、山界，我们要加快推进电商扶贫工程，深化贫困村电商扶贫全覆盖，让互联网成果惠及更多贫困地区和贫困人口。

【解读："四只手"的组合方式，是这个讲稿非常突出的创新性、创造性亮点，也是这个稿子的独到之处之一。尽管每一个单独观点都体现不出有多大的创新性、创造性，但放在一起，却能形成强烈的组合创新效应。】

**（三）向总书记学抓统筹，增强攻坚的系统性。**

第一，统筹贫困地区和非贫困地区脱贫。从存量贫困人口分布看，贫困县占 60%，非贫困县占 40%。从有脱贫任务的县看，97 个有脱贫任务的县（市、区）中，非贫困县超过六成。统筹推进非贫困地区与贫困地区脱贫攻坚，要集成政策、集合资金、集中力量，形成打歼灭战的强大合力。坚定不移落实好"四个一致"：政策一致、工作标准一致、工作力度一致、考核评估一致。确保贫困地区和非贫困地区如期脱贫。

第二，统筹富民和强县。富民是根本，强县是支撑。去年，南漳县脱贫摘帽，贫困发生率降至 0.11%。同时，在全省第三类县县域经济考核中排名连续进位，今年有望冲击第一。南漳脱贫攻坚和县域经济的"双赢"实践证明，强县和富民是相统一的。

第三，统筹做好物质脱贫和精神脱贫。物质贫困并不可怕，怕的是精神贫困。物质上脱贫了，精神上也要脱贫。有了新道路、新房子、新村庄，还要有新观念、新风尚、新气象。

第四，统筹当前和长远。坚持"两手抓"。一手抓当前，就是剩余贫困人口的减贫。留出提前量，倒排工期，一鼓作气，全面发力，确保全面小康不掉一户、不落一人，确保剩下的 17 个县全部摘帽。一手抓长远，就是夯实稳定脱贫基础，防止脱贫人口返贫。做好"五基一提"。即基本产业。因地制宜发展好特色支柱产业。基础设施。"要想富、先修路"。推动解决贫困地区水利、电力、通信等基础设施建设问题。基本公共服务。强化农村文化、教育、医疗、卫生等公共服务供给。基本技能。确保广大农民有一技之长。基层组织建设。提高贫困地区自我发展能力。

【解读：运用习近平总书记关于"统筹"的观念，提出了诸如"五

基一提"的新办法，这是根据基层探索总结出来的解决方案，体现了用
理论指导实践的深刻用意。】

### 四、办好总书记"最牵挂的大事"，必须以过硬作风作保证（略）

领导干部作宣讲，很容易搞成一般性的讲话，仍然还是在发号令、
提要求。这样的宣讲实际上成了开会，与宣讲的初衷是背离的。真正的
宣讲应该摆事说理，让人在感情上产生共鸣、在思想上融入，引发灵魂
深处的震动。从上述例文分析中，不难发现，起草宣讲类的文稿，不仅
需要把握文稿用途、针对对象等外在的东西，更重要的是必须在文稿中
充分把握好理论之"理"、事实之"实"、共情之"共"三大关键词。

理论之"理"。既然是重要宣讲，就应该具有理论高度和深度。如
果不必体现理论上的要求，也就不必一定要求领导干部去宣讲了。领导
干部作的宣讲，就要体现其在先学、深学上带头，在领会、领悟上示范，
关键在于在学习把握上"高人一筹"。相对于一般宣讲，更要体现把"理"
弄明白、想清楚、讲到位。

讲理论，不是凭空论道、空对空讲大道理，更不是照本宣科、生拉
硬扯给人家一通灌输，而是要把理论融合到思想和工作实际中，往实处
讲、往深处讲。学习领会习近平新时代中国特色社会主义思想，单纯去
背诵字句条文，是没有多大实际意义的，重在深入理解领会其中的内涵，
用于武装头脑、指导实践、推动工作。对这个马克思主义中国化时代化
的最新理论成果，领导干部必须先学一步、学深一层，既指导实践，又
宣传群众。

领导干部的理论宣讲，一是体现政治站位。理论本身就是体现站位
的，用马克思主义中国化时代化的最新理论成果武装头脑，就是政治站
位。二是用理论指导实践。不能搞成空洞说教，而要充分体现理论之实，

理论是用于指导实践、推动工作的。上述范文中，对习近平总书记关于扶贫工作重要论述的梳理、概括和运用，不少具有创新性，体现了理论学习的深度和功底，这是能够讲得更生动、更具体的根本所在。

事实之"实"。"满堂灌"的宣讲，没人听得进去，效果也好不了。用事实、讲故事，用数据、讲对比，用大家都能听得懂的话讲身边人的事，往往效果更理想。事实之"实"，既包括讲身边人和身边事，可闻可见；又包括讲领袖人物和领袖故事，可敬可亲。事实之"实"，还包括用数据说话。一个或一组数据，胜过一大堆说道、一大段文字。有时候，洋洋洒洒，讲了一大段话，还不如用一个数据作对比、作分析，这样更管用、更令人信服。

共情之"共"。讲话、做事要打动人，必须得有同理心。有同理心，才会产生共情，形成良性互动。无"同理"则无"共情"，无"共情"则无"共鸣"。作为宣讲人，须得设身处地了解受众心理、理解受众需求。换位思考，以心理换位、将心比心，形成感情移入，催生出强烈的共感、共鸣，这样才会有共情效应。那种不顾受众感受的滔滔不绝、成心让人难受的絮絮叨叨、板起面孔教训人的"教师爷"做派，只会令人生厌、叫人反感，使人产生抵触情绪，不会产生任何共情之心。上述例文中，用较大篇幅讲述对革命老区要知恩感恩、对牺牲的扶贫干部深深痛惜，就很好地激发了听者的共情之心，增强了授课的感染力。

# 第五问

___

## 特殊类文稿越来越吸引眼球，如何展现"圈粉"实力？

尽管前面章节已经把文稿分成了综合类和专题类，并细分了若干子类，但很显然，文稿分类不可能如此简单明了，仍然有许多文稿不好归入哪一类中去。对这种既不像综合类，也不像专题类的文稿，姑且就称之为"特殊类"。特殊类文稿有的属于讲话类，有的属于演讲类，还有的属于慰问、感谢和信函类等。这类文稿包含类型宽泛，使用比较频繁，在日常工作中的需求量呈不断上升的趋势。因为"特殊"，起草这类文稿也成为考验文稿写手能力的一项重要工作内容。

# 5.1 成也"特殊"，败也"特殊"

特殊类文稿之所以"特殊"，就在于这类文稿如果写出了精彩，在"圈粉"方面可能会表现得"相当高能"，吸引万众目光，展现无穷魅力；如果写得不好，就有可能在失分的路上加速狂奔，难以控制，失血难止。许多事实表明，特殊文稿在正反两方面都有可能被推上"热搜"，这恰好印证了所谓的"成也萧何，败也萧何"。能不能"成"，就看文稿写手能不能拿捏到位、把控得住。

从"圈粉"的文稿来看，此类文稿往往气势恢宏、立意高远、金句频出、文采飞扬，也有的精工细描、深度刻画、入脾沁髓，让人刻骨铭心。这类文稿应时应景，引来万众追捧。特殊类文稿的篇幅一般不会很长，甚至只有几百字，但往往一篇短稿，就能"圈粉"无数。

不知从哪一年起，《南方周末》每年的新年献词都会为万千读者所期待。每到那个档期，大家都期望这个献词能成为跨年的"巨献"。当然，可能因为期望太大，失望也会来得比较猛。近年来，这个热度已有较大程度下降，但仍然还是有多方关注。梳理近些年《南方周末》的新年献词，不难发现，其"圈粉"功能之所以依然强大，不是没有道理的。

　　比如，2010 年的新年献词讲的是《这是你所拥有的时间，这是你能决定的生活》。2011 年的讲的是《让每个中国人都金贵起来》。2012 年的讲的是《像一束光簇拥另一束光》，其中"唯有点亮自己，才有个体的美好前程；唯有簇拥在一起，才能照亮国家的未来"这样的句子广为流传。2013 年的讲的是《我们比任何时候都更接近梦想》，"不是杰出者才做梦，而是善做梦者才杰出"，让人感到温暖、励志。2015 年的讲的是《你对美好的向往关乎国家的方向》，"一切的一切，都应从你出发，又归于你"，把个人的命运与国家的命运连在一起。2018 年的讲的是《把孤岛连成大陆》，"没有一个冬天不可逾越，没有一个春天不会来临"，这样的金句广泛流传。2019 年的讲的是《每一个这样的你都是英雄》，留下了"希望是一盏永不熄灭的灯，信心是一把愈烧愈旺的火，爱是永恒的动力之源"这样的金句。2020 年的讲的是《考验如火，正在淬炼真金》，文中有一个著名的"预言"常被提及："2019，可能是过去十年里最差的一年，也可能是未来十年里最好的一年。"2021 年的讲的是《哪怕世界在历史三峡中漂流，你我有彼此在》，"你我的命运从未如此与国家命运生死相连，你我的历史从未如此与世界历史紧密相绕"，这样的句子也很令人印象深刻。2022 年的讲的是《每一次抉择都期待一场苦尽甘来》，这也很应景，因为世界正在遭受着百年不遇的肆虐疫情。

　　如果非要找一找这些献词的共性特点不可的话，有三个方面的共同点是比较明显的。

　　首先还是主题。一方面，主题必须是直击读者心底的。文稿能不能吸引人、抓住人，关键在主题。"抓人要抓心"，一定要讲那些在大家心目中处于顶级位置的话题。这些话题，多半是众人苦苦寻觅却又找不到满意答案的。另一方面，主题必须是关联重大时局的。讲的应该是这个时期、这个时段最重要的事件、人物，这是最能引起广泛认同的关注点、兴奋点。主题必须锚定时代、关注大势、聚焦目光。小主题很可能只是小群体的散乱关注点，多数人对此不一定有兴趣，引发不了一定的关注度。在信息更新比眨眼都快的时代，对没有被纳入个人关注栏的信息，人们甚至都不会花上哪怕几秒钟的时间去瞄一眼。

其次是从细微中切入。主题虽大，但切入点都很小，讲述的是小人物身边的或关注的事，小中见大、小中见真、小中见奇。大题小做，完全不损害"大"的形象，反而让人觉得可信、可亲、可敬、可追随。

再次是清新的笔调。一改古板的表达方式，文风清丽、格调雅致，在轻松和随意中展开叙述，文火慢炖、徐徐展开，读起来让人舒适放松，感到温暖，能感受到阅读的愉悦。如果看多了那种"八股味"浓厚的文章，再去读此类文稿，没有任何压迫感，更能体会到文字的优美，以及由此所带来的惬意感受。

从失分上看，对这类特殊文稿把握失准，会给有关方面或相关人员带来不应有的尴尬局面。现实中，此类情况比比皆是，不可不察。比如，2021年七八月间，国内暴发了因新冠病毒变种"德尔塔"传播引起的一波疫情。某市为加强防控工作，7月29日以"某市新型冠状病毒感染肺炎疫情联防联控指挥部社会和社区防控组"的红头文件形式，下发了《关于做好湖南省张家界市来N人员信息核查和健康管理的通知》。通知正文中将湖南省张家界市写成了"湖北省张家界市"。这个明显错误很快被人发现并发到了网上，引起一片哗然，迅速被推上"热搜"。在这种情况下，为了补救，7月30日，该市又以"某市新型冠状病毒感染肺炎疫情联防联控指挥部社会和社区防控组"的名义，发布了一封道歉信。信中称："因我组工作疏忽，误将湖南省张家界市写成湖北省。在此，向湖北省、湖南省和广大网民致歉。我们将认真吸取教训，切实改正错误，防止类似问题再次发生。"落款是"某市新型冠状病毒肺炎疫情联防联控指挥部社会和社区防控组"。眼尖的网民很快发现，这封道歉信也有明显错误。如"将湖南省张家界市写成湖北省"就是一个新的显著错误，并且也错得离谱；再就是文件的红色文头是"某市新型冠状病毒感染肺炎疫情联防联控指挥部社会和社区防控组"，落款署名是"某市新型冠状病毒肺炎疫情联防联控指挥部社会和社区防控组"，后者少了"感染"二字，导致文件的文头和落款不一致。已经被网络盯上的这个"乌龙事件"，很快再次被推上"热搜"，从而引发了影响较大的次生舆情灾害。

通知类的公文撰写本不属于本书所述的特殊类文稿范畴，但道歉信是应该被列入这里所说的特殊类文稿之中的。本来上述通知中把"湖南省张家界市"写成"湖北省张家界市"，就已经铸下不可挽回的错误，有关部门及时出来道歉属于危机公关，为的是迅速止损。但又出现了新的明显错误，不仅没有能够及时止损，反而由一个舆情引发出了新的次生舆情，形成叠加效应，将失血的口子拉得更大。同样的错误连犯两次，实际上相当于被同一个石头绊倒了两次，这就更加匪夷所思了，教训不可谓不深刻。

把握"成也'特殊'，败也'特殊'"的特性，就要致力促进"成"的一面，尽力防止"败"的一面，让文稿始终在自己可以掌控的范围之内。

# 5.2 用什么途径传播，就依靠什么途径"吸粉"

官方文稿中，特殊类文稿之所以动不动就会产生较大影响，受到广泛关注，原因是多方面的，其中传播媒介是重要因素。这类文稿与内部讲话、内部材料是有很大不同的。既然有的文稿被标为"内部"，一般不会对外直接公开发布，知晓的范围有限。即使发布了相关消息，也是经过层层过滤的，不会出现突破底线的低级错误。而特殊类文稿由于用途特点，针对的对象是普通群众，因而多数需要通过网络广泛传播。在网络这个广阔空间里，任何人、任何事都被置于无死角的审视、透视之中，无论是完美，还是瑕疵，都会被无遗漏地发现和挖掘出来，经过网络无限放大，形成强大的"吸睛效应"。

从要求上讲，做任何工作都必须追求完美，尽力做到零差错。但从概率上分析，只要是做具体工作，就难免会出差错，不出差错的可能性是没有的。不管是什么工作，不管这个工作的承担者多么优秀和敬业，也只能尽量做到让差错出得少一些、把错误犯得小一点，尽最大努力去逼近完美。机关单位性质特殊，是不允许工作有明显差错的，尤其是党政机关，工作出了大的差错，就会导致难以估量的损失和不良影响。在外人看来，从事文稿写作工作，不掌握直接支配资源的权力，行使权力的风险要小很多。但实际上，文稿写作工作也是存在风险的，而且有些风险还比较大，这是显而易见的。有时文稿中的一个小差错，被各种媒介无限放大，就会变质、变味，难以把控，从而带来较大的不良政治影响、社会影响，对党和政府的形象造成伤害。

网络传播是一柄双刃剑。无论是完美，还是缺陷，不仅都会被发现和充分挖掘，还会通过传播渠道被一次次放大后公布于众。因此，很多人都不愿意被关注，更忌讳成为"网红"；不愿意把自己和自己从事的工作置于网络空间，受到无遮挡的围观。但作为公职人员，与公众打交道是避不开的，为了方便工作，掌握运用网络工具也是基本技能。不善于利用网络的公职人员，很难做到出色，甚至连称职恐怕也比较难做到。过不了网络关，意味着全面落伍，终究会被淘汰掉。

文稿是写给人看、讲给人听的，不可不在意他人的评价。评价好才能吸引粉丝，好评多才会有人追捧。有鉴于此，对能够"吸粉""圈粉"的文稿，大可不必忌讳它们成为"网红"。尤其对于本来就是用于影响公众的特殊类文稿，借助互联网进行传播时，更应注重通过网络载体"吸粉""圈粉"。

习近平每年的新年贺词和在春节团拜会上的讲话，都是万众瞩目的，有着无与伦比的强大"圈粉"能量。比如，2021年12月31日，他以国家主席的名义通过中央广播电视总台和互联网，发表的2022年新年贺词，在海内外引起了巨大反响，其中的一些金句广为流传，如"唯有踔厉奋发、笃行不怠，方能不负历史、不负时代、不负人民""千头万绪的事，说到底是千家万户的事"等，均成为各种文稿广泛引用的流行语。2022年1月30日，中共中央、国务院举行2022年春节团拜会，习近平总书记发表重要讲话。与往年一样，讲话再次引起广泛关注，毫不意外地又一次成为"热文""红文"，也留下了不少让人印象极其深刻的金句。比如，"让我们一起向未来""团结奋斗是中国共产党和中国人民最显著的精神标识""世界上最大的幸福莫过于为人民幸福而奋斗""心中装着百姓，手中握有真理，脚踏人间正道，我们信心十足、力量十足""对百年奋斗历史最好的致敬，是书写新的奋斗历史"。在一篇文稿中出现个别甚至一些金句并不少见，但如此众多的金句出自一篇并不长的讲话稿，却是不多见的。习近平总书记在近乎拉家常中，传递温暖、表达温情；用口语化的朴素语言，阐述深刻的道理；与百姓"唠嗑"，却又金句频出。短短的致辞，已经充分显露出习近平总书记讲话的鲜明风格。透过文风，就能使人深深感受到他作为大党大国领袖的超凡风范和巨大魅力。

## 5.3 偷师学艺（六）：从范文中领会特殊信函类文稿的写作技法

特殊时刻、特殊背景下，由特殊机构或个人发出的慰问信、感谢信等，有着特殊的重要意义。这种文体，往往是在极为特殊的情况之下，针对特定对象使用的。比如，对在大灾大难中英勇奋斗的先进模范人物、坚守岗位的普通员工、顾全大局的各方人士等，给予慰问和感谢。这样既表达知恩感恩之情，同时也宣示意志和决心，激励人们坚韧不拔、顽强拼搏，排除万难、勇毅前行。党委、政府的这类亲民举措，要用合适而成熟的文稿，完美地呈现出来，以达到应有的效果。

这种文体的使用往往非同寻常，对需要产生的效果期望值比较高，因而文稿起草的标准和要求也较高。尽管如此，这种文体的文稿起草难度总体而言并不太高，难在如何做到合时、合情、合意，能够发挥出人们所期待的效果。

这里选用 2020 年湖北省委、省政府致援鄂医疗队全体队员的慰问信和 2022 年深圳市委书记、市长致全体网民的拜年信作为分析范文。

了解湖北省委、省政府致援鄂医疗队全体队员的这封慰问信为什么会出现，就必须先弄清楚当时湖北的内外环境。因新型冠状病毒感染的肺炎疫情暴发，根据党中央统一部署，2020 年 1 月 23 日湖北作出了武汉封城的历史性决定，接着全省也相继封闭，全国支援湖北和武汉，集中力量打响疫情防控阻击战。先后有四万多来自全国各地的医护人员驰援湖北，他们义无反顾、不怕牺牲，为打赢新冠肺炎疫情防控阻击战作出了重大贡献。就是在这样的背景下，刚刚担任中共湖北省委书记十天的应勇提出，以省委、省政府的名义，给全体援鄂医护人员写一封慰问信，公开发布，表达湖北人民知恩感恩之情。这个任务几经转手，最后由省政府研究室承担。研究室完成文稿起草任务以后，受到应勇和各位审签领导的高度肯定，慰问信公开发布后，也引起了社会的良好反响。这在当时病毒疫情和网络舆情均来势汹汹的情况下，起到了较好的正向引导作用。从危难时刻的政府公关角度看，这也是一个极其成功的范例，让人们体会到一个成功的文稿所能迸发出的巨大能量。要通过一个精妙的决策达成意图，文字是必不可少的承载介质。从这个案例看，正是文稿表达精妙，才精准传达了决策意图。这也提示我们，在日常工作中重视文稿不仅非常必要，而且十分重要。决策实践表明，重视文稿的领导，是真正聪明且高明的领导。

## 中共湖北省委湖北省人民政府
## 致援鄂医疗队全体队员的慰问信

敬爱的援鄂医疗队全体队员：

你们辛苦了！

自除夕之夜第一批医疗队员率先出征湖北，至今已经一个多月了。在这个本该阖家团聚的日子里，你们毅然别家离乡，慷慨赴荆楚，白衣作战袍，坚定同湖北人民生死相依，日夜奋战在抗疫斗争第一线，用血肉之躯筑起了护佑生命的钢铁长城。在此，湖北省委、省政府和全省人民谨向你们及你们的家人致以最崇高的敬意和最衷心的感谢！

【解读：从除夕之夜出征入笔，即意味着此次出征非同凡响。在本该万家团圆的日子里，"慷慨赴荆楚，白衣作战袍，坚定同湖北人民生死相依，日夜奋战在抗疫斗争第一线，用血肉之躯筑起了护佑生命的钢铁长城"。文稿起势很高，但着笔很实，以写实的手法，很快进入主题，直击人心，一下子就把人的心灵给紧紧抓住了。】

　　医者仁心。你们临危受命、不惧艰险，同时间赛跑，与病魔较量，以生命践行医者使命，以担当彰显济世情怀。"国家有难、医护有责""不计报酬、无论生死""疫情不退、我们不退"……这些直击心灵的豪迈之声，已成为响彻时代的最强音。哪里最危险，哪里就有你们的身影。疫情防控的每一场战斗，从病魔手中抢救回来的每一条生命，都记录着你们舍身忘我的无私奉献，见证着你们救死扶伤的崇高精神。是你们义无反顾的坚定逆行，托起了无数生命的希望，传递着人性的最大温情和社会的最美大爱。湖北欠你们的！武汉欠你们的！你们是湖北的大恩人！武汉的大恩人！你们的恩情，湖北人民万分感激，永远铭记！

　　【解读：这一段具体叙述援鄂医护人员英勇无畏、不惜牺牲的伟大壮举，用充满感情的语言描述一些具体的活动，把医护人员的无私奉献、崇高精神和医者仁心的大爱情怀体现出来。这段话感情真挚浓烈，把文字的美和情体现得淋漓尽致。在前文充分铺垫的前提下，文稿中自然而然地用了"人性的最大温情和社会的最美大爱""湖北欠你们的！武汉欠你们的！你们是湖北的大恩人！武汉的大恩人"这样的表述，一改党政机关的行文风格，在打破常规的基础之上走得更远也更实，有"石破天惊"之感，产生了极大的感情共鸣和强冲击波。任何时候读这种文字，都会热泪盈眶。】

　　湖北和武汉是疫情防控的决胜之地。武汉胜则湖北胜，湖北胜则全国胜。当前，疫情形势依然严峻复杂，防控正处在最吃劲的关键阶段。以习近平同志为核心的党中央发出了坚决打好湖北保卫战、武汉保卫战的总攻命令，我们还要继续并肩作战、不胜不休。医务人员是战胜疫情的中坚力量。保证大家健康安全，是我们的重大责任，我们将竭尽全力为大家提供全方位服务保障。也请你们一定要保护好自己，保重好身体！

这是我们最诚挚的期盼，也是我们最郑重的请求！

【解读：这一段是在极尽表达对援鄂医护人员感恩之情的基础上，把目光转向整个抗疫战场。"湖北和武汉是疫情防控的决胜之地"，"以习近平同志为核心的党中央发出了坚决打好湖北保卫战、武汉保卫战的总攻命令"。这是数万援鄂医护人员共同的中心任务。但仅就这一内容直接展开来叙述，显得冷冰冰的，文稿落脚到全方位保障医护人员的健康安全上，就显得更加充满温情，更能激发出斗志。】

万众一心，就没有翻不过的山；心手相连，就没有迈不过的坎。我们坚信，有以习近平同志为核心的党中央坚强领导，有中国特色社会主义制度优势，有全党全军全国各族人民鼎力支持，有广大医务工作者英勇奋战，我们一定能够夺取疫情防控斗争的全面胜利！

【解读：这一段算是常规化的操作，也就是"表决心"，这是此类文稿必备的内容。这一段的出彩之处在于把政治高度一下提起来了。在慰问信中巧妙地融合政治内涵，十分自然，也是对文稿的升华，使文稿从朴素的感恩情怀，上升到夺取疫情防控斗争全面胜利的大恩大爱。】

江南无所有，聊赠一枝春。衷心祝愿大家身体安康、工作顺利！衷心期待早日疫去花开，大家平安凯旋，早日与家人团聚！

中共湖北省委<br>湖北省人民政府<br>2020 年 2 月 25 日

【解读：尾段同样是本文的精彩之处，也是点睛之笔。特别是引用了陆凯在《赠范晔诗》中"江南无所有，聊赠一枝春"的诗句，起到了画龙点睛的作用。诗句的意思直译就是，江南没有好东西可以表达我的情感，姑且送给你一枝报春的梅花，以表春天的祝福。通过诗句，寄托了湖北人民对援鄂医护人员的最美好祝愿。事后有人评述，如果这封慰问信按百分制评分的话，整体可评90分，就因引用了这两句应时应景又应情的诗，整体得分可达到95分以上。最后一句，也很好地呼应了开头，首尾相连，浑然一体。】

这封慰问信只有800多字，发布后好评如潮。除了官方媒体，也被各种自媒体广泛转发，成为地方党委、政府发文中少有的阅读量达10万以上的文稿。有人评论说，这是最有感情、最有温度的慰问信。在疫情防控最艰难、最吃劲的关键时刻，通过对援鄂医护人员的慰问，向社会传递了温情、大爱，传递了湖北人民是重情重义、知恩感恩的，传递了打赢湖北保卫战、武汉保卫战的信心和决心。文稿优美的文笔、真挚的情感，让人丝毫也感受不到机关公文的呆板，反而使文稿显得灵动、生动，赋予了文稿更强的吸引力、感染力。这样的文稿令人读后久久难以忘怀。

主动利用现代传媒手段表达党委、政府的主张，已经被越来越多地尝试。比如，2022年1月25日，中共深圳市委书记王伟中、深圳市人民政府市长覃伟中就给广大网民朋友发来一封拜年信，信中回首2021，展望2022，向关注、支持、参与深圳发展的网友朋友致以新春问候和祝福。信中写道（有删减）：

2021年是党和国家历史上具有里程碑意义、必将载入史册的一年，也是深圳改革开放、创新发展历史上具有重要意义的一年。这一年，有很多瞬间让人久久难忘，有太多场景让人充满力量，有不少故事让人热泪盈眶。这是我们一起拼搏奋斗的印记，一起战风斗雨的经历，一起走过四季的足迹。

回首这一年，我们一起见证。这座城市的魅力、动力、活力和创新力正不断增强！

回首这一年，我们一起守护。

回首这一年，我们一起收获。"湾区之光"摩天轮成为"网红打卡地"，深圳湾鸟飞鱼跃的生态景观频频"出圈"，深圳人抬头见蓝、推窗见绿、开门见园的生活日常持续"刷屏"。

回首这一年，我们一起感动。一幕幕深圳瞬间、一个个深圳故事绘就了这座城市的"最美风景"。无数平凡英雄，装点了这座城市的绚烂，撑起了这座城市的脊梁！

追风赶月莫停留，平芜尽处是春山。当年历翻开崭新一页，深圳又站在新的起跑线上。

新的一年，让我们一起向未来！希望广大网民朋友一如既往关心支持深圳发展，倾听深圳声音，分享深圳故事，点赞深圳变化，多为深圳建言，让更多深圳好故事上"热搜"、更多"圳能量"登"热榜"，让我们的城市始终充满向上向善的力量和温暖温情的阳光！

【解读：市委书记、市长给全体网民拜年，这在全国恐怕还是不多见的，是不是可以看作改革开放特区深圳的"先行先试"之一呢？为什么要给网民拜年？因为这个群体最大，大多数"人民群众"与"网民群体"是重合的。在互联网时代，尽管还说不上达到"全民上网"的程度，但网民真真切切是人民这个群体中的绝大多数，也是最活跃的那个部分。抓住了网民的心，就是抓住了大多数人民群众的心，就能伴随着社会中最活跃的那部分人的心一起跳动。深圳给全体网民的这封拜年信，通过网络这个覆盖面广的传播媒介，运用网民熟知的表达方式，吸引了网民的眼球，着实"火"了一把。这封信文风纯正、文字优美、文采飞扬，读来让人感到亲切、印象深刻。不得不说，深圳的想法就是不一样，做法也比较特别，值得效仿。】

从上述范文中，可以得到不少启示。特殊文稿，必然有其特殊之处。尤其是在特殊时刻发出的慰问信等，必然有着特殊的意旨。只有掌握这个核心要求，才能确保文稿能够抓住主题，对准靶心，矢矢中的。

从范文看，此类文稿一般有三大意图。

一是输送强烈的信号。湖北省委、省政府的这封慰问信，就是在抗疫斗争进入最艰难、最需要增强信心和力量的关键时刻，以一种特殊的方式，向社会输送强烈的信号，传达强大的信心，从而传递出坚决打赢疫情防控的湖北保卫战、武汉保卫战的必胜信念。

二是释放强烈的正能量。慰问信号召全社会关爱医护人员，就是要凝聚各方力量，共同抗击新冠肺炎疫情。医护人员是疫情防控的主力军，时刻冲锋在疫情防控第一线，是他们用血肉之躯筑起了护佑生命的钢铁长城。慰问医护人员，就是向全社会释放强烈的正能量——关爱医护人员，就是关爱生命——形成强烈的正向激励。

三是表达强烈的情感。慰问信以诚挚的态度，表达湖北人民是重情感恩的。慰问得"问心"，要直达心底、给人温暖、让人触动，切忌给人感觉是浮在表面、做做样子的。慰问须"动情"，态度得诚恳，用真诚换真情，切忌让人觉得虚情假意、故作姿态。

以上这些，在文稿中都是通过文字形式展示出来的。换一句话说，上述"三个强烈"，都必须从字面上就能够完整地读出来。只有真正做到这一点，文稿才能算得上合格。

## 5.4 偷师学艺（七）：从范文中领会特殊常用类文稿的写作技法

有一类讲话稿之所以显得特殊，是因为经常会被用到，尽管写法相对固定，但内容次次都有不同。这类讲话稿之所以重要，是因为其发表的场合很特殊。比如，重大活动的致辞。还有一年一度的"两会"中，在政协会的开幕式和人民代表大会的闭幕式上，作为主政一方的"一把手"即省（市）委书记，都会发表的热情洋溢的讲话。这类文稿有一定的综合性，但又不是细而又细、实而又实的全面性报告；有一定的专题性，因为是专门用在特殊场合的。因此，将这类文稿也纳入特殊类文稿中来具体分析。这里分别选取一篇范文进行解读。

首先，分析一下 2022 年 2 月 5 日国家主席习近平在北京 2022 年冬奥会欢迎宴会上的致辞。习近平说：

在中国人民欢度新春佳节的喜庆日子里，同各位新老朋友在北京相聚，我感到十分高兴。首先，我代表中国政府和中国人民，代表我的夫人，并以我个人的名义，对来华出席北京冬奥会的各位嘉宾，表示热烈的欢迎！我还要特别感谢在座的各位朋友克服新冠肺炎疫情带来的困难和不便，不远万里来到北京，为冬奥喝彩、为中国加油。

【解读：这段话属于致辞的常规性礼仪表述，正常入题，本来没有什么特别之处。但这里有两点值得关注：一是中国春节元素，二是新冠肺炎疫情。这两点成为与众不同的入题点，也为后文留下铺垫。以有鲜明特征的时间节点和重要事件入题，是常用的手法，用意在于吸引听众以更高的关注度倾听演讲。】

昨晚，北京冬奥会在国家体育场正式开幕。时隔 14 年，奥林匹克圣火再次在北京燃起，北京成为全球首个"双奥之城"。中国秉持绿色、共享、开放、廉洁的办奥理念，全力克服新冠肺炎疫情影响，认真兑现对国际社会的庄严承诺，确保了北京冬奥会如期顺利举行。

让更多人参与到冰雪运动中来，是奥林匹克运动的题中之义。中国通过筹办冬奥会和推广冬奥运动，让冰雪运动进入寻常百姓家，实现了带动3亿人参与冰雪运动的目标，为全球奥林匹克事业作出了新的贡献。

【解读：这两段有两个功能：一是入题后初步展开，切入到冬奥频道上来，为过渡到后面将要阐述的正题做进一步铺垫；二是介绍中国兑现的承诺和冰雪运动的开展情况。只用了寥寥几笔，既推介了中国，又巧妙过渡到正题。】

女士们、先生们、朋友们！

自古以来，奥林匹克运动承载着人类对和平、团结、进步的美好追求。

【解读：用一句话转入主题：和平、团结、进步。既是重申奥运会理念，也是阐述自己的主张。】

——我们应该牢记奥林匹克运动初心，共同维护世界和平。奥林匹克运动为和平而生，因和平而兴。去年12月，联合国大会协商一致通过奥林匹克休战决议，呼吁通过体育促进和平，代表了国际社会的共同心声。要坚持相互尊重、平等相待、对话协商，努力化解分歧，消弭冲突，共同建设一个持久和平的世界。

【解读：借阐述奥林匹克运动的初心，表达"共同建设一个持久和平的世界"的愿望。】

——我们应该弘扬奥林匹克运动精神，团结应对国际社会共同挑战。

新冠肺炎疫情仍在肆虐，气候变化、恐怖主义等全球性问题层出不穷。国际社会应当"更团结"。各国唯有团结合作，一起向未来，才能有效加以应对。要践行真正的多边主义，维护以联合国为核心的国际体系，维护以国际法为基础的国际秩序，共同建设和谐合作的国际大家庭。

【解读：借阐述奥林匹克运动精神，表达"共同建设和谐合作的国际大家庭"的愿望。】

——我们应该践行奥林匹克运动宗旨，持续推动人类进步事业。奥林匹克运动的目标是实现人的全面发展。要顺应时代潮流，坚守和平、发展、公平、正义、民主、自由的全人类共同价值，促进不同文明交流互鉴，共同构建人类命运共同体。

【解读：借阐述奥林匹克运动宗旨，表达"共同构建人类命运共同体"的愿望。上述三段，用三个"我们应该"分别阐述了"和平""团结""进步"，借奥运平台，再次阐发了中国的一贯主张和愿望。这些主张和愿望，源于奥运，又借助奥运平台，延伸了奥运、扩展了奥运，深化提升了奥运精神。重大活动历来都是借以阐释重大主张和关切的机会和舞台，奥运会也不例外。这种阐释必须是自然衍生、自然延伸的，恰如其分、恰到好处。】

女士们、先生们、朋友们！

"爆竹声中一岁除，春风送暖入屠苏。"中国刚刚迎来农历虎年。虎象征着力量、勇敢、无畏，祝愿奥运健儿像虎一样充满力量、创造佳绩。我相信，在大家共同努力下，北京冬奥会一定会成为简约、安全、精彩的奥运盛会而载入史册。

【解读：尾段提到中国农历虎年，与首段以中国春节切入相呼应，借中国传统虎年，表达对北京冬奥会的祝愿和成功举办冬奥会的信心。国际

盛会也是传播中国文化的好时机，在致辞中采用这样的方式，充满了"中国味""中国范"。】

习近平主席的这个致辞，借助冬奥平台，紧扣奥运主题，阐述中国主张，立意深远，构思巧妙，有着强烈的中国元素和中国味道。举办奥运，举世瞩目。国家主席的致辞，自然有着高远的寓意。既要立足奥运，还要延伸奥运、升华奥运，传达我们的主张和愿望。

为了更多了解特殊常用文稿的写法，这里再选取 2022 年 1 月 20 日时任中共湖北省委书记应勇在省政协十二届五次会议开幕式上的讲话，作为分析例文。

可能有人会觉得，"两会"上最受关注的是政府工作报告，与会者和社会各方面人士的注意力都集中在这个报告上面。不能说这种看法没有道理，事实上，政府工作报告的确是全场关注的焦点，但不能因为这个原因，就轻视特殊类常用文稿的重要性。在"两会"这样严肃的政治场合，党委书记发表讲话，体现的是党对一切工作的全面领导，体现的是中国的政治优势和制度优势。因此，对这类文稿不能不重视。以下是应勇讲话的节选。

各位委员，同志们：

一元复始，万象更新。今天，省政协十二届五次会议隆重开幕，这是全省人民政治生活中的一件大事。祝贺！

【解读：开头是常规套路，既然是"常规"，就必须按规范操作，体现此类文稿的严肃性，尤其在政治性表达上必须规范、精准、到位。】

刚刚过去的 2021 年，是党和国家历史上具有里程碑意义的一年，也是湖北发展史上极不寻常、极不平凡的一年。

【解读：从"党和国家历史上具有里程碑意义的一年"，到湖北"极不寻常、极不平凡的一年"，既为全年总体形势判断定性，也承上启下，为后面的行文做铺垫。政协会是凝聚共识的，这些定性的话，也用于呼应即将审议的政府工作报告，引导政协委员对一些重大判断有一个基本定性的认识，推动形成共识。】

这是重温初心、砥砺前行的一年，我们回望百年路、聚焦新时代，隆重庆祝中国共产党百年华诞，至真至诚"学党史"，笃信笃行"悟思想"，用心用情"办实事"，唯干唯实"开新局"，从党的百年奋斗重大成就和历史经验中汲取智慧和力量，在走好新的赶考路上扛牢职责和使命。

【解读：这一段突出文稿的政治性，内容安排十分巧妙，把党史学习教育活动、纪念建党百年和对党的十九届六中全会精神的学习贯彻，全部进行了交代，且只用寥寥数语就说清楚了，用精练、简洁的语言，表现了讲话的政治高度。】

这是牢记嘱托、感恩奋进的一年，我们深入贯彻落实习近平总书记考察湖北、参加湖北代表团审议时的重要讲话精神，锚定"建成支点、走在前列、谱写新篇"重大历史使命，着力发挥湖北"六大优势"、增强"六大功能"、实现"六大目标"，经济总量迈上 5 万亿台阶，在打造全国重要增长极上阔步前行。

【解读：此段是从总体上讲明白过去一年湖北的发展状况，工作总纲是"深入贯彻落实习近平总书记考察湖北、参加湖北代表团审议时的重要讲话精神，锚定'建成支点、走在前列、谱写新篇'重大历史使命"。这是湖北逢会必讲的内容，不可漏掉。】

这是夯基谋远、破局开新的一年，我们立足新发展阶段、完整准确全面贯彻新发展理念、积极服务和融入新发展格局，区域发展布局成势见效，科技强省筑起"四梁八柱"，"51020"现代产业集群强筋壮骨，营商环境金字招牌越擦越亮，中部货运"空中出海口"呼之欲出，省属国资国企改革破题开篇，港口资源整合加快推进，打造重要节点和战略链接迈稳第一步、见到新气象。

【解读：此段突出的是2021年湖北的阶段性特征，谋划布局"十四五"，并且是开篇布局的第一年。将主要的战略思考和重大战略措施作出总体概括，并对重大推进成果作出初步展示。文稿作这样的安排，就是为了起到鼓舞人心、凝聚人心的作用。】

这是漂亮精彩、好于预期的一年，我们以常态化疫情防控的确定性有效应对疫情这个"最大变量"，以"拼抢实"的精神，着力把疫情造成的损失"补回来""追回来"，打赢输入性局部突发疫情歼灭战，经济发展重回"主赛道"，回归本位、回归常态，见证了8个月通车6座长江大桥的"湖北速度"，地方一般公共预算收入同比增长30.7%、其中税收占比达到78%的"湖北质效"，一年净增85万户市场主体的"湖北活力"，高新技术企业新增数量两年翻一番的"湖北动能"，实现了经济快速增长、较低通胀、较好就业的优化组合，取得疫后重振决定性成果。

【解读：此段回答了过去的一年是怎么干的，取得了什么具体成效。"四个一年"的谋篇布局，逻辑严密，从宏观到微观、从总体到具体、从前因到后果，结构工整、丝丝入理、环环相扣，勾勒出过去一年湖北发展的完整图画。既有写意，也有工笔，在逻辑思维、文字能力上，都

是颇见功底的。】

回望这一年，挑战多重叠加，发展立柱架梁，拼搏赢得精彩，成绩来之不易。这份实打实、沉甸甸的成绩单，根本在于习近平总书记的领航掌舵和党中央的坚强领导，根本在于习近平新时代中国特色社会主义思想的科学指引，是全省广大干部群众顶压奋进、攻坚克难的结果，凝结着全省各级政协组织、各民主党派、工商联和无党派人士的智慧和汗水。

【解读：这一段尽管仍是常规套路，但作这样的处理，是必不可少的。这一段还有一个功能，就是在突出政治站位的同时，自然过渡到下一段，使前后内容的衔接显得非常流畅。】

一年来，全省各级政协组织和广大政协委员以习近平新时代中国特色社会主义思想为指导，坚持团结和民主两大主题，坚持建言资政和凝聚共识双向发力，为加快"建成支点、走在前列、谱写新篇"作出了重要贡献。

【解读：讲政协委员的贡献，这是常规做法，也是必备的内容。】

各位委员，同志们！

过去一年，我们以"牛"的苦干实干，埋头耕耘、硕果累累。新的一年，我们要以"虎"的冲劲闯劲，勇毅前行、再续精彩。今年是党的二十大召开之年，是实施"十四五"规划关键之年，我省还将召开省第十二次党代会。做好今年的工作，必须以只争朝夕的精神投入工作，以"人一我十"的劲头作出更大努力。我们要不负重托、不负时代，初心如磐担使命，常态化长效化推进党史学习教育，持续答好习近平总书记交给湖北的"必答题"，坚定不移把"两个确立"转化为坚决做到"两个维护"的思想自觉、政治自觉、行动自觉。我们要稳字当头、稳中求进，只争朝夕抓发展，把握社会主要矛盾和中心任务，全力稳工业、稳投资、稳消费、稳外贸、稳市场主体，以更加全面的"稳"保障更高质量的"进"，奋力实现"开局企稳、复元打平、再续精彩"。我们要重点突破、整体发力，锻长补短强功能，纵深推进区域发展布局实施，强化科技强省"硬支撑"，优化营商环境"软实力"，脚踏实地把综合交通枢纽做强做优，把多式联运集疏运体系做强做优，把低成本、高效率现代物流体系做强做优，把高标准市场体系做强做优，努力建设成为构建新发展格局的中部战略支点。我们要永葆初心、造福群众，久久为功惠民生。毫不放松抓好常态化疫情防控，守牢安全底线，推进生态优先、绿色发展，巩固拓展脱贫攻坚成果，全面推进乡村振兴，服务好千家万户人民群众和市场主体，在高质量发展中稳步推进共同富裕。

【解读：这部分是总体上的要求和期望。这些内容应该做到与经济工作会议、即将出炉的政府工作报告的重大表述相一致。如果出现重大表述口径的不一致，就容易引起不必要的混淆。】

各位委员，同志们！

人民政协是社会主义协商民主的重要渠道和专门协商机构，是发展全过程人民民主的重要力量。

【解读：根据人民政协的性质，提出具体要求和期望。对政治概念的表述，必须做到精确无误。】

要在坚持"两个确立"、做到"两个维护"上坚定自觉。深入学习贯彻党的十九届六中全会精神，以迎接、学习、宣传、贯彻党的二十大为主题主线，坚持"两个确立"，做到"两个维护"，自觉在思想上政治上行动上同以习近平同志为核心的党中央保持高度一致，自觉把中共中央重大决策部署和中共湖北省委工作要求通过民主程序转化为政协组织和政协委员的履职行动，转化为社会共识，牢牢把握人民政协事业发展的正确方向。

【解读：这是政治上的要求。具体到坚持"两个确立"、做到"两个维护"上，这是党的十九届六中全会的重大政治贡献，也是中共湖北省委第十一届十次全会的核心精神。牢牢把握人民政协事业发展的正确方向，这是首要的，是必须坚持的。政治上的要求总体上不会有大的变化，每一年都要讲，只不过每一次讲都是有侧重点的，并不是简单的重复。】

要在加快"建成支点、走在前列、谱写新篇"上献计出力。贯彻全过程人民民主理念，发挥人民政协智力密集、人才荟萃独特优势，紧扣打造重要节点和战略链接、创建"两个中心"、推进科技强省建设、长江大保护和绿色发展、长江中游城市群协同发展、实施区域发展布局、构建现代产业体系、优化营商环境等重点工作，建睿智之言、献务实之策、聚同向之力。

【解读：这是要求政协紧紧围绕湖北发展大局建言献策，指明政协工作的发力点。】

要在助推民生改善上用心用情。坚持"人民政协为人民"理念，发挥好"重要阵地""重要平台""重要渠道"作用，深入开展"协商在一线"工作，在推进协商民主建设中反映民意、汇集民智、维护民利、凝聚民心，聚焦教育、医疗、环境治理、育幼养老等领域，协助党委、政府解决好群众"急难愁盼"问题，让人民群众更多更公平共享改革发展成果。

【解读：这是突出政协工作性质的要求。始终"坚持'人民政协为人民'理念，发挥好'重要阵地''重要平台''重要渠道'作用"。】

要在提升专门协商机构效能上持续发力。加强专门协商机构建设，提高政治协商、民主监督、参政议政水平，增强政治把握能力、联系群众能力、调查研究能力、合作共事能力，以模范行动展现新时代政协委员的风采，努力干出新时代人民政协工作的新样子。

【解读：这是对政协自身建设提出要求。对政协，既要注重平等协商，有事商量着办，又要站在党委的角度提要求，这是党的全面领导的职责所在。】

人民政协工作是党的全局工作的重要组成部分。全省各级党委要把政协工作纳入重要议事日程，及时研究解决政协工作的重大问题，支持政协组织履行职责，形成加强和改进人民政协工作的强大合力。

【解读：这是省委对政协的表态。特别指出"人民政协工作是党的全局工作的重要组成部分"，既表明党委对政协工作的高度重视，更是对政协工作的政治定性。】

各位委员，同志们！

力量生于团结，幸福源自奋斗。让我们更加紧密地团结在以习近平同志为核心的党中央周围，踔厉奋发、笃行不怠，同心同德、拼搏奋进，加快"建成支点、走在前列、谱写新篇"，打造全国重要增长极，建设美丽湖北、实现绿色崛起，以优异成绩迎接党的二十大胜利召开！

祝省政协十二届五次会议圆满成功！

【解读：结束语本来也是套路模式，但这次会议的主题专门强调了团结。也就是在十天之后，在中共中央、国务院春节团拜会上，习近平

总书记的讲话恰恰重点突出了"团结"这个主题。从这一点看，这个讲话稿体现出了一定的超前意识，这是难能可贵的。】

从总体上看，这个讲话稿遵循的是反复运用过的基本套路，尽管没有在形式上作多大创新，但布局谋篇具有较高水准。事实上，很多时候热衷于在套路这个外在形式上创新，还不如在内容的改进上下功夫，这样会更有力有效。竞技运动实践表明，再好的套路，在绝对的实力面前都是不值一提的。文稿质量从来不会辜负所下的功夫，功夫下得越深，越能写出质量优异的好文稿。

首先，在整体把握上精准到位、无懈可击。好文稿赢在整体，尤其是"两会"这样有相对固定的议程、模式，而且经过多年，已经在人们心目中形成了一定程式的大会，政治性强，极其严肃、极其规范，这就要求文稿写作在整体上一定要做到完善。不出现明显的错误，是一个成熟的文稿写手必备的素质。要力避在大场合下出错，一旦出了错，负面影响就很大。

其次，在观点立论上站稳扎住、力求出新。好文稿出彩在观点。前文多次讲过"观点制胜"，对于在套路上难以创新的文稿而言，观点出新就显得更为重要了。

再次，在提炼归纳上多出精彩、金句连连。比如，"至真至诚'学党史'，笃信笃行'悟思想'，用心用情'办实事'，唯干唯实'开新局'""湖北速度""湖北质效""湖北活力""湖北动能"，如此等等，为文稿增色不少。

范文中体现的这些特点和亮点，也正是起草此类文稿时要把握的着重点、精彩点。

# 第六问

同一主题多人共讲，写手如何精准把握区分度？

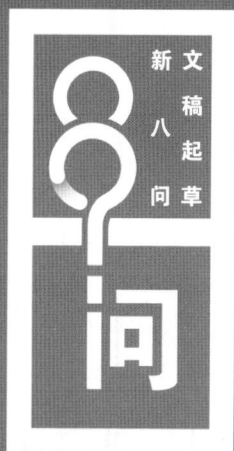

　　开会是众多人的聚会，在多数场合下不会是个别人的专场独舞。众人围绕同一主题讲述自己的认识、看法，阐发自己的观点，这才是日常开会的一般形态。

　　同一主题多人共讲，发表讲话的人需要把握好角色定位，做到精准到位，不越位、不失位、不缺位；把握好分寸，不失态、不失礼、不失节。所谓精准到位，就是按照身份定位和分工要求，各自把该讲的讲好。

　　同一主题多人共讲的会议有很多，可以分为多种不同类型。为了分析方便，这里根据日常工作的实态，主要划分为四种类型，姑且称作"四式"。

# 6.1 主—辅式：各归其位

　　这种类型的搭配在会议安排中是最为常见的。一个会议，确定一个主讲人作主题讲话，同时确定一个或几个人辅讲，围绕主题作补充发言。

　　这样的场合，最为典型的是一年一度的经济工作会议。在国家层面，经济工作会议以中央的名义率先召开。到地方，以党委的名义相继召开，目的是贯彻落实中央经济工作会议精神，部署安排本地的经济工作。经济工作会议，一般都由党委书记主讲，就宏观形势和政策、重大战略思考、加强党对经济工作的领导等，作主旨讲话；由政府主要负责人辅讲，主要是具体安排部署重点经济工作任务。

　　除了经济工作会议这样的大型综合性会议以外，许多专题会议的讲话安排，一般也是主—辅式的。比如，研究某一项专题工作，很多时候是主要领导作主旨讲话，分管领导要么在主持时强调要求，要么作具体安排部署。"一主一辅"，分工清晰而具体。如果是由分管某项具体工作的领导主持召开专题会议，类似的主—辅式分工也是明晰的，一般是由分管领导主讲，主持会议的人员辅讲，主要是提出贯彻落实的具体要求。

主—辅式的角色安排，看似分工明确具体，但对于文稿起草者来讲，实则并不那么容易操作执行。最不好拿捏到位的，是对主辅之间各自"度"的把握。在这方面，作为主讲和辅讲的双方，都容易出现一些不能令人满意的表现。这方面的问题，尽管可能还谈不上是差错，但肯定影响讲话质量和会议效果。

从主讲的角度看，经常有两种情形。一种是突出"高大全"，即"讲自己的话，让别人无话可讲"。把"主讲"当成了"主宰"，统揽一切、包罗万象，把什么都讲了，完全不顾及还有辅讲人的存在。实际工作中，这种情况并不鲜见，这种状态下辅讲人也不知道该讲什么、怎么讲了。这样做，往往实际效果并不理想。什么都要讲，就会什么都讲不好。因为取向不明确、重点不突出、特色不鲜亮的文稿，让人转瞬即忘，讲了也是白讲，不会给人留下什么印象。另一种是"自己尽量少讲，留给别人去讲"。很多场合中，这种情况也并不少见。如果该讲的不全讲、不深讲、不讲明、不讲透，主讲人的职责就没有履行到位。

这两种情形，从实质上分析都属于定位不准、职责不清。体现出来的就是越位、失位和缺位：讲了别人的话就属越位，不明白自己该讲什么就属失位，该讲而不讲就属缺位。

从辅讲的角度看，也经常有两种情形。一种是频频"抢戏"。要是排演一出戏，在主角既定的情况下，配角还频频出镜抢戏，是很糟糕的场面，也叫人非常不适。尤其是在官方场合，对角色定位的精准把握，反映政治历练、政治智慧，体现政治上的成熟度。实际工作中，确有不明事理、把"辅讲"当"主讲"的情况，硬生生将"助攻"弄成了"主攻"。这不仅仅是一种典型性的越位，也很容易在政治上产生不良的影响。另一种是"悄无声息"。配角不能去抢主角的戏，但也必须演好自己的戏。主角重要，配角也不是可有可无的。这就是红花与绿叶的关系，没有绿叶烘托陪衬，哪有红花的鲜妍靓丽。作为辅讲，就得明确自己对"一亩三分地"的经营职责，精耕细作，讲好自己该讲的，守好本分、尽好本职、下好本手。

作为辅讲者，千万不可因失位而失了分寸，这样搞不好会在公众注目之下失了态、失了礼、失了节。如果出现了这种不堪的状况，就远远超出了文稿本身的意蕴了。这是文稿起草者必须力避的。

主、辅各归其位，首要的是遵循各自的职责定位。从文稿起草来看，就需要在对基调的把控上做到精确无误。文稿既需要"合时""合事"，也需要"合职""合人"。这就要对讲话人进行量身定制，起草出符合其角色定位和角色安排的文稿。让讲话人讲更符合身份和场景的话语，这是文稿起草人应该把握的工作基准线。

这里，以某省经济工作会议为例，对省委书记和省长的讲话进行分析，帮助理解同题共讲的主要特征。这次经济工作会议是于当年12月底召开的，书记作主旨讲话，省长作安排部署。

省长首先讲话，主要讲了两个方面的内容：

一是关于今年经济工作回顾。主要是：科学精准应对世纪疫情、以保促稳加速恢复重启、用改革办法优化营商环境、以转型升级推动疫后重振、全力保就业保基本、统筹推进各领域工作。

二是关于明年经济工作的主要目标和重点任务。在目标上，就预期目标、经济增速、城镇就业、居民收入、粮食生产分别做了解读。同时部署了七个方面的重点工作：经济固稳回升、科技创新、产业链供应链优化升级、改革开放、乡村振兴、污染防治和生态建设、基本民生保障。最后强调了疫情防控工作。

书记作主题讲话，主要讲了五个方面的内容：

一是交出了夺取统筹疫情防控和经济社会发展"双胜利"的英雄答卷。特别强调，这是增强"四个意识"、坚定"四个自信"、做到"两个维护"最鲜明最生动最具体的教育实践。总结了五条根本经验：习近平总书记的掌舵领航和党中央的坚强领导是战胜一切艰难险阻的根本所在，坚持以人民为中心是做好一切工作的根本出发点和落脚点，发展是谋划和推动各项工作的逻辑起点，坚持系统观念、统筹兼顾、因时因势、求真务实是做好经济工作的重要方法论，敢于担当善于担当的精神状态、工作作风是做好经济工作的重要保障。

二是用全面、辩证、长远的眼光看待发展形势。强调要增强忧患意识，坚定必胜信心，保持战略定力，集中精力办好自己的事，以自身发展的确定性有效应对外部环境的不确定性。

三是明年经济工作的指导思想和目标任务。

四是找准工作切入点、结合点、发力点。坚持稳中求进工作总基调。服务构建新发展格局要开好局、起好步，见到新气象。推动高质量发展为主题要取得新成效。统筹发展和安全。

五是加强党对经济工作的全面领导。强调增强政治意识，提高政治站位，提升政治敏锐性、政治鉴别力，提升驾驭经济工作的能力水平，做抓经济工作的行家里手，做到谋划发展有思路、破解难题有办法、改革创新有实招，对历史、人民和地方长远发展负责。

仔细比较两个讲话就会发现，同一个会议、同一个主题，尽管两个讲话旨意一致，但风格、内容有很大不同。虽然省长是在前面讲，但开口非常收敛，讲话内容严格控制在对经济工作的总结和重点工作任务的安排布置上，在篇幅上，明显小于书记的讲话。"辅讲"的姿态摆得很正，没有去抢"主讲"人的话。而书记的讲话体现了大宏观、大视野和政治上的高站位，既有实的总结，又有理性的概括，更有政治上的要求。这些都是书记主题讲话中应有的题中之义。两个讲话，"虚"与"实"相互映照，目标任务与重点措施相互印证，高站位与接地气相得益彰，互为表里、相互支撑、天衣无缝。通过两个讲话，可以体现出会议组织者的用心和文稿起草人的匠心。

　　"主讲"和"辅讲"共同围绕一个主题，目标上一致，但后者服务服从于前者。这是必须时时要把握好的。

# 6.2　主—客式：多维角色转换

　　同一个主题，由同一个人在不同的场合讲，表现出来的特征是不一样的，因而对文稿的要求也是不一样的。了解主—客式，对于身份定位和分寸把握，是很有必要的。

　　怎样区分主与客呢？实际上这是多维角色转换的问题，并没有什么特定的指向。在体制内，领导干部扮演的也是多维角色。一个地方的党委书记，作为地方上的"一把手"，由他主持的会议或活动，都可以视为其"主场"。但如果到更高一级或外地同级党委系统参加会议或活动，对他而言就是到了"客场"。政府主要负责人作为政府党组书记，在主持政府工作时，是当之无愧的"一号"，政府工作当然就是其"主场"，其讲话毫无悬念必定是"主讲"。但作为同级党委的副书记，政府主要负责人参加同级党委的会议或活动，就到了相对的"客场"，如果需要讲话，也只是"辅讲"。

　　比如，同样是就学习贯彻某个重要会议或重要指示精神作讲话，同一个领导是以"主"还是以"客"的身份去发言，表现形式是不一样的。

　　如果是地方代表或委员参加党的代表大会及其全会，或者是参加全国"两会"，发言就带有"客场"特征。一般来讲，这样的发言须具备以下基本要素：一是有对会议的总体评价，要用高度凝练的观点作出概括，这个评价一般体现在对会议报告的看法上；二是有基本的表态，"坚决拥护""完全赞成"都是常用的；三是有贯彻落实的打算，这里面一般应该包含着政治上的认识、结合实际的印证、贯彻落实的设想等；四是有意见建议，可以对会议文件提出修改意见，也可以就工作提出建议。这种场合的发言，就是谈对学习领会精神的认识和体会，以供讨论用。讨论发言虽然在形式上可以有一定的自由度，但也不是"自由场"，不是不受限制的，更不是什么都可以乱说的。讨论表现出来的认识，是对会议是否成功的检验，所提建议是对会议的完善。

如果是大会闭幕后传达贯彻会议精神的发言或讲话，那就是另外一种形式了。不再是讨论的调子，而是通篇提出要求，引导大家学习领会、贯彻落实会议精神。通常有三个方面的要素：深刻认识重大意义，把思想和行动统一到会议精神上来；深刻领会精神实质，准确把握核心要义；深入贯彻落实，推动实际工作。

起草这类文稿，一般都需要掌握运用一些基本的工作套路。套路是工作入门的基本路径，做文稿写作工作，仅有套路不行，完全没有套路更不行。现在机关单位对这一类文稿的需求量越来越大，没有一定的文稿写作工作经验积累还真应对不了。掌握一定的工作套路，有助于提升自己工作的速度、效率，应付高强度、高频度的文稿任务。

还有一种情况，也应该归入主—客式类型。各级党政机关定期均要举办各种学习活动，每次都有一个专门主题，邀请一个该领域的专家学者作辅导报告，然后由主持人讲话。目前这种情况在机关单位，甚至国有企业都已经成为常态。

以中央政治局集体学习为例，自 2002 年 12 月 26 日中央政治局开展首次集体学习后，中央政治局坚持开展集体学习并逐渐形成制度。第十六届、第十七届、第十八届中央政治局分别开展了44次、33次、43次集体学习。第十九届中央一如既往地重视学习，中央政治局已经开展了30多次集体学习，2021年就开展了9次。

重视学习、善于学习是中国共产党的优良传统。"学者非必为仕，而仕者必为学""学所以益才也，砺所以致刃也"。习近平总书记反复强调，领导干部学习不学习不仅仅是自己的事情，本领大小也不仅仅是自己的事情，而是关乎党和国家事业发展的大事情。因此，在每次主持政治局集体学习时，习近平总书记都会发表重要讲话，这些讲话，无一例外都会传递一些重大信号。

以2022年1月24日中央政治局就努力实现碳达峰碳中和目标进行第三十六次集体学习为例，这次学习采用的是自学和交流的方式，然后由习近平总书记发表重要讲话。归纳他的讲话，主要包括以下内容：一是实现碳达峰碳中和，是党中央统筹国内国际两个大局作出的重大战略决策。二是实现"双碳"目标是一场广泛而深刻的变革。要提高战略思维能力，把系统观念贯穿"双碳"工作全过程，注重处理好四对关系，即发展和减排的关系、整体和局部的关系、长远目标和短期目标的关系、政府和市场的关系。三是坚持全国统筹、节约优先、双轮驱动、内外畅通、防范风险的原则，更好发挥我国制度优势、资源条件、技术潜力、市场活力，加快形成节约资源和保护环境的产业结构、生产方式、生活方式、空间格局。

学习类的讲话，一般有几个明显的标志。一是学习的标志非常鲜明。学习主题一定是重要的新知识系统，关乎经济社会发展大局，亟须领导干部了解和掌握。二是探讨的标志非常鲜明。有时领导人还会与讲授人展开热烈讨论，共同探讨。三是问题的标志非常鲜明。坚持问题导向，研究问题的同时，更着眼于如何解决问题。总之，就是要着眼于提高干部的能力素质，引导大家学习重要新理论、新观点、新知识，关注重大现实问题，推动各项工作发展。既然是关于"学习"的讲话，就要始终围绕学习展开，不可偏题走形。

湖北省人民政府曾经就运用大数据提高政府治理能力和水平开展专题学习，在专家授课以后，省政府主要负责人发表了讲话。这个讲话的切入点选取了习近平总书记的一个重要观点：过不了网络关，就过不了时代关。对总书记的这个重要观点作了化用：在大数据、云计算时代，谁掌握了大数据，谁就拥有了未来，必须过好"时代关"。讲话就"过好时代关"讲了三点。一是过好认识关。大数据是大战略、大数据是方法论、大数据是新武器。二是过好能力关。把握规律能力、科学决策能力、引导预期能力、推动创新能力。三是过好运用关。运用到推进改革、运用到产业转型、运用到政务服务、运用到社会治理。这个讲话仅两千余字，但不仅呼应了讲授人的授课内容，又围绕学习主题，作了延展发挥，"主""客"相得益彰。特别是主持人的讲话，既"源于"授课，又"别于"授课，效果较好，让人印象较深。

# 6.3 梯次式：领会主旨意图

梯次式配置，就是某一些会议为了突出主题，除了领导讲话以外，也安排主管单位负责人讲话。此类情况，多见于部门主导的各种专题会议。比如农业农村工作会议、发展和改革工作会议等，党委或政府的分管领导（有时也可能是主要领导）出席讲话，主管厅局主要负责人也会讲话。梯次式的特征是按上下结构布置，有明显的高低、主次之分。同一主题，省市长要讲、厅局长也要讲，这就是典型的梯次式安排。这种方式，是在研究部署各类专题性工作时普遍采用的，因而这类文稿的起草量也相当可观。

同一个会议、同一个主题，省市长、厅局长都要讲话，讲话稿就必须具有鲜明而清晰的"上下结构"形态。在这一点上，二者呈现出明显的主—辅式安排特征。会议的"主讲"是省市领导，"辅讲"是厅局长，双方各归其位、各讲其话。前者是主导，后者是辅助。后者服从前者，补充支撑前者。

尽管这类会议是局部或行业性的，不似综合性大会那样具有全局性的重要影响，但经验丰富的文稿写手都知道，恰恰是这类文稿在起草中容易出现意外的情况，把握不好，会让人们对文稿的满意度大为降低。从多年的文稿起草实践看，其中出状况最多的方面，就是文稿中的"主""辅"关系没有处理好。实际工作中，往往会遇到这样的情形，厅局长的文稿写得更贴近实际，既具体又实在，显得质量更高，甚至有盖过领导文稿风头之嫌。相比之下，反而是领导的稿子显得空而不实，在感观上竟然会让人觉得比厅局长的文稿逊色一筹，这就真真切切把领导在同一个会议上要用的文稿给比下去了。出现这种情况，显然是不妥的，也是很尴尬的。

领导的文稿起草工作多由政研部门承担，他们的优势是理论水平高、文字能力强的文稿写作高手相对多一些，在对全局和宏观把握方面更到位。但政研机构也有自己弱势的一面，如，就对专题性、专业性工作掌握的程度而言，他们自然不如相关厅局等部门了解得那么实、细、深，因而起草这类文稿时需要部门的充分协助、深度参与。如果领导的文稿被部门的文稿给比下去了，相当于"地方队打败了国家队"，对专事文稿写作工作的人而言，那就太难为情了。

领导与部门负责人就同一主题同台讲话，说到底就是三个"度"

的区分。

一是高度。领导出席部门的专题性会议，是站在全局和宏观的角度审视部门工作，其讲话与部门负责人的讲话相比，在思想认识、总体谋划、部署安排等方面，显然不可能在同一高度线上，领导的文稿必须显得"更高一筹"。部门的文稿应该"就事论事"更多一些、更具体一些，领导的文稿应在政治站位、思想引领、全局把握和宏观决策等方面，体现出应有的高度来。

二是深度。这个问题的实质，就是对专业化程度的理解、把握和运用。部门工作、专项工作都有一定的专业属性，但文稿中的专业性是一个相对概念。领导谈专业性工作，主要着力点应该是专业精神、专业素养，而不是拘泥于专业技术、专业细节。专业技术、专业细节，还是让专业人去谈，也只有这些人才谈得了、谈得好。这样一来，领导和部门负责人的文稿就有了区分度。需要注意的是，专业精神、专业素养，不是空的、虚的，而是实的、具体的。在分工细致的当今社会，一个人不需要也不可能什么都通晓。但做领导工作，对分管工作的一些基本专业知识应有所了解、有所理解。对于领导而言，对分管的工作全部做到"应知应会"是苛刻的，也是不必要的。但既然分管了某一方面，对有一定专业化要求的工作，不求"全会"，对一些基本知识做到"应知"还是必须的。"管一行会一行"很难做到，但"管一行知一行"是完全可能的。只有这样，才不至于说外行话，给人以"外行领导内行"的口实。

三是实度。就是对实际情况的了解和掌握程度。对部门和专项工作而言，领导掌握之"实"与部门负责人熟知之"实"，标准是不一样的，是有很大差异的。就对具体情况的了解和掌握程度而言，领导肯定不如实际操持这项工作的部门负责人清楚。同样一个"实"字，用在不同人的身上，就应该用不同的尺度来衡量。对具体工作人员而言，这个"实"，就必须体现在更深入地了解和掌握实际情况上；而领导之"实"，则更多地体现在将具体工作纳入全局谋划的融合度和实施推进的力度上。显然，相较于对具体情况的了解之"实"，领导之"实"，是一种更高层次的"实"。

关于梯次式安排，除了前面所述内容之外，也有这样的情况存在，就是下属单位被要求在某个会议或活动中作专题发言。这类发言，有的是作为先进典型上去介绍经验做法，有的是因工作被动而被要求作如何改进的表态性发言，也有的是因为会议主办者为突出某项工作而推出代表作引领性发言。在会议或活动主办方的设置安排中，具有代表性的下属单位表达态度，然后领导讲话，自下而上，逐次进行，按照梯次式配置。

被选中作为代表在这样的场合发言，多数情况下应当作难得的展现机会。如果是因为工作表现突出，而被选为代表出场交流，就要充分珍惜机会，通过精彩发言，充分展现工作的精彩，为下一步的工作赢得更多主动权。这种时候的表现，主要就体现在文稿上。把工作讲得出彩，还得要文稿总结得好，以生花妙笔，把工作的精彩之处提炼出来、展示出来，从而进一步放大正面影响。

当然，也存在少数这样的情况，下属单位被推出来发言，是因为工作做得并不好，存在明显差距。让其发言，虽算不上是惩戒，但一般情况下确有鞭策后进的意味。比如，某地推进一项重大工作三年行动计划，每半年召开一次专题推进会，考核中位于前三名和后三名的地市，均被要求上台发言。前者是介绍经验，后者是找差距、谈打算。这种做法，对各地形成了很大的震慑和工作压力，促进了工作责任的压紧压实。

起草此类文稿，重在准确领会如此安排的意图和指向，把握特征、切合主题，掌握要求、按需操作。

下属单位根据安排，在上级主办的会议或活动上发言，执行的是上级旨意，既是讲给上级听的，更主要是讲给同时参加会议或活动的同侪们听的，起一个引导、启发的作用，从而更好地促进大家正确领会上级意图，认真执行上级决策，以推动工作落实。

如果是介绍经验，先要把最主要的成绩、亮点摆出来，再谈是如何做的，也就是回答成绩是怎么取得的。尽管这种发言是介绍自己、展示自己，但也不能搞成自说自话、自卖自夸，应该保持谦虚的态度。所介绍的经验，必须具有一定的典型性、普适性，可学、可用、可复制。更应注意的是，这些经验做法，是呼应会议主题的，为的是进一步放大会议主题的效应。把握住这一点，文稿就能与会议场景扣得更紧。

如果是作为后进典型作表态发言，首先应该体现诚恳的态度，正视工作落后的现实，检视工作被动的主观根源。重要的是表态要硬，知耻而后勇，奋起直追，迎头赶上。就是要用这个态度，给会议加油鼓劲。这种安排，也是突出会议主题的一部分，文稿必须体现这一意图。如果这次讲得好，会后干得好，说不定下一次就会作为先进典型被要求上台介绍经验呢！

如果是引领性发言，对文稿的要求就更高了。这样的发言，立足的是个人或某个局部，着眼的却是全局，这是发言必须把握的基调。引领性发言，最主要的是把思想认识和行动统一到会议精神要求上来，引导与会者认真学习领会和贯彻落实。因此，要达到这一要求，对会议精神的准确把握领会是先决条件，这就需要下功夫理解会议精神实质，在发言中充分体现政治站位、认识高度和落实力度。由于发言是从个人或某个局部角度讲的，就不应该脱离具体实际漫无边际地空谈，而必须与具体情况紧密融合在一起，从而使发言既有思想性、理论性，又显得实而又实。

# 6.4 平行式：尽展优长

平行式，是指一同参加会议或活动的代表，相互间并无上下级区分，互不隶属，也不必相互照应，是平行不相交的关系。这种情况在日常工作中还是比较多见的。比如，各种类型的论坛、对话会，参会的各方就是典型的平行分布，是完全平等的关系。

这种形式，往往是主办方搭建一个平台，让参与各方各自按照主题推出自己的得意之作，充分展示。由于没有上下级关系，大家都是平等的，也就有了那么一点同台竞技的意思。众人的表现孰优孰劣，就看各自尽展优长的情况了。是骡子是马，拉出来一遍，就什么都明白了。既然具有竞技比拼的意味，必然会激起参与者的争胜之心。特别是对于带队参加此类活动的领导干部来说，他们对自己在这种公开大场面中的表现如何、评价如何，一般都是比较在意的。在这种情况下，文稿质量的高低显得至关重要。尽管影响评价结果的因素是多方面的，但文稿的影响更直接、关联度更高。所以，有时候与其说是场上的角色在相互较劲，倒不如说主要是在背后比拼各自的文稿。由于文稿大多会提前备好，这就使得主要角色还没有出场，竞技可能就早已分出了高下。对此，不可不引起文稿起草者的高度重视。

起草这类文稿，关键是要把自身最优、最好、最美、最能吸引人的一面展示出来。近年来，对这类文稿的需求一直呈上升趋势，并且这类文稿往往要与视频展示完美契合，所以不断对文稿起草提出新的要求。以往，这类文稿的起草任务一年可能只会碰到一两次，但现在运用的频率越来越高，日益常态化，起草这类文稿已经成为一种常规性的工作。所以，任何一个熟练的文稿写手，对起草这类文稿都不会感到陌生。

这类常用的文稿，更需要常写常新。不能千文一面，在不同场合都是一个版本，总给人似曾相识之感。由于这类文稿具有自我推介性，需要起草者不断刷新对省情、市情、县情的认识，任何时候、不同场合，讲这个话题时，都应该有新鲜的素材源源不断地补充进来。

比如，在很长一段时期里，讲到湖北、武汉有科教优势，提供支撑的素材都是"老三样"：大学（科研院所）数量、院士数量、大学生数量。官方的推介也多是这样讲的。如果较起真来，仅凭这些要证明一个地方、一座城市有多大的科教优势，还是缺乏说服力的。这些充其量只算是科教资源，只是潜在的优势，而不是现实的科技创新优势、产业发展优势。因此，这就需要补充构成区域竞争力的重要因素，诸如国家重点实验室、重大创新成果和战略性新兴产业等的发展情况。列举这些优势，还要充分说明其在全国乃至全球的地位如何、具有哪些领先因素和领先点等。总之，要突出优势，就应根据公认的最新评价标准，更多地提供能说明问题的支撑素材，让佐证更有力度。及时掌握各种新情况，及时更新自己的信息储备库，及时刷新对省情、市情、县情的认识，是成为合格文稿写手必须时常做好的基础性工作。

平行式的格局安排，还有一个重要的特点，就是每一个发表讲话的人都是独立的个体，不需要顾及其他已经或即将发言的人讲什么、怎么讲。既然不同的讲话者之间有一定的"竞争"关系，那就要尽力让自己的表现更出彩，尽可能使自己所讲的效果优于、好于、强于其他人的。在主—辅式安排中，由于有"主"有"辅"，那种"只顾自己怎么讲，不管他人如何讲"的做法，是完全不可取的。但是，在平行式安排中，参与人同台竞技，各展其优长，也就大可不必去考虑别人讲什么、怎么讲了。参加者自己想怎么讲就怎么讲、想讲什么就讲什么，只求更加充分地展示出自己最好的一面。在主—辅式安排中，"讲自己的话，让别人无话可讲"，是非常忌讳，也是不可容忍的霸道行为。但在平行式安排中，这就是高招、胜招、绝招，是应该提倡的。这就好比一个优秀的运动员，要取得优异的成绩，除了技能高超以外，善于合理利用比赛规则，也是重要的制胜之道。

平行式安排，事实上给了参与者比较大的自由发挥空间，就看其是否善于利用并借此充分展示自己。很多时候，参与此类活动，往往事先就做好了充分的准备，上场之后一般就是按方抓药、照单实施，不搞新花样。这样做是为了规避风险，是比较稳妥的。但也有不足之处，就是临机应变能力往往显得不够。领导干部多属于公众人物，求稳应该被放在第一位。在此基础上，在公众场合如能做到敢于求变、随机应变，是十分难能可贵的。这既显示实力，又能增添魅力。

2017 年时，中国与澳大利亚之间的官方和民间往来比现在频繁得多。当年 3 月 24 日，两国在悉尼共同举办第二届中澳省州负责人论坛，中国国务院总理李克强与时任澳大利亚总理特恩布尔共同出席，分别致辞。江苏、河南、湖北、广东、重庆、陕西、山西、广西等省区市和全澳八个州区负责人出席论坛，并分别发表主题演讲。这种场合的演讲稿，一般事先在国内就已经起草好并送审通过了。到悉尼后，当时的湖北省省长王晓东，在《澳大利亚人报》上读到了李克强总理发表的署名文章。作为参加论坛的中国省级政府负责人，他觉得应该以适当方式回应总理文章的观点。在论坛的主题演讲中，王晓东在发言的开头加上了这样一段话："两天前，中国国务院总理李克强在《澳大利亚人报》发表了《推动中澳关系向前进》的署名文章，特别指出，'前进'是中澳两国国歌中共同的关键词。参加此次论坛，我们正是抱着推进中澳合作持续前行的初衷而来。"短短这么一小段话，很好地呼应了总理的观点，也紧紧扣住了论坛的主题。这是当时所有演讲中，唯一对李克强总理发表的文章作出直接呼应的，因而给人留下了极为深刻的印象。这个回应非常得体、非常机敏，在特殊的时候、特殊的场景中，产生了特殊的良好效果，成为全场一个非常突出的亮点，收到很多点赞。

很多时候，领导参加的活动议题、议程既定，也事先做了充分准备，一般情况下照例实施、照本宣科即可，不需要也不允许有多少发挥。但一旦有发挥的空间和可能，在规则允许的范围内适当给自己的"演出"加一点"戏份"，不仅必要，有时候也会产生超出预期的良好效果。对领导干部而言，"照本唱戏"是本分，是必须遵守的纪律、规矩，但偶尔"脱本加戏"，能更多地体现出灵动和能力。在实际工作中，只要是不违背原则、不违反规则的适当"加戏"，对领导工作、领导个人而言都是加分因素，不必避之不及。作为文稿起草人，应善于把握住这样的"加戏"机会，这可能是个人文稿写作职业生涯中不多有并有点"另类"的出彩机会，必然会给所有人留下深刻的记忆。

# 第七问

## 文风问题绝不可等闲视之，改进文风可否试一试"十用大全"？

文风，简而言之就是行文的风格。一篇文章的风格，就是其作者通过行文方式所表现出来的认知及其特征。起草文稿从来就不仅仅是写作者个人的事，因为文稿是写给别人看的，作者的倾向性选择，既能显示出其个人偏好，也能够对读者和听者的认知产生相应的影响。比如，领导讲话的直接目的，就是为了影响受众的认知并引导贯彻落实。

有鉴于此，如何形成并运用好"文德教化之风"，历来都被看重。拿破仑说过这样的话："世上只有两种力量：利剑和思想。从长而论，利剑总是败在思想手下。"思想能够打败利剑，体现的是教化之功。有好文风的文稿，才能承载深邃的思想，从而让思想打败利剑。

# 7.1 文风问题，从来都不是小问题

有孔门十哲之一之称的子贡曾经说："出言陈辞，身之得失，国之安危也。"古人是把说话、写文章与国家的安危兴衰联系在一起的。为何会如此看重文风？一个很重要的因素，就是文风对整个社会风尚有着重大而深远的影响，有好文风的文章甚至是"经国大业""不朽盛事"。

在崇尚风雅、倡导风骨的中国古代，对文风与时事政治的关系问题，一直都格外留意。刘禹锡就持有这样的观点："八音与政通，而文章与时高下。"他认为艺术、文章与政事相通、与时政相连，因而从文风中可以感知世道起落、民心向背。王阳明曾明确地讲："天下之大乱，由虚文胜而实行衰也。"成事靠实，虚则必败。在王阳明看来，徒有形式、空泛无物的"虚文"大行其道，就是天下大乱的征象。

中国共产党在早期历经艰险，屡遭重大挫折，但即使是在多次遭受几乎灭顶之灾的生死存亡之际，毛泽东的文风仍然充盈着乐观向上的阳刚之气。读他的文章诗词，总会感到有一股刚劲的正能量扑面而来，给人以强大的精神鼓舞。比如，当红军还很弱小之时，曾多次陷入绝境，即使是在这样的背景下，毛泽东仍然相信"星星之火，可以燎原"，革命高潮必然来临，中国革命必然成功。在艰苦卓绝的长征征程中，毛泽东以"雄关漫道真如铁，而今迈步从头越"的豪情，引领艰难中的红军屡败屡战、愈挫愈奋，从而在艰难中奋起、在奋起中壮大。这种革命的浪漫主义精神，展现的是中国共产党人永不言败的革命斗志。

文风折射社会现象。历朝历代，如果世俗风气清淳、社会风气清朗、官风政风清正，从当时的文章中是可以读出来的。比如，描写盛世向上的景象，从文中可以感知当时俭朴而不奢华、务实而求高效、亲善而显大度的社会风尚，尽显"盛世文风"之气象。反之，如果社会风气不正，文风则必然萎靡。英国著名剧作家本·琼生指出："凡世风腐坏之处，语言也如之。"文风既是反映世事的，反过来也能促进风气好转。自古以来，文风的改进，能够促进风气转变。宋人韩琦称赞欧阳修倡导的诗文革新运动"于是文风一变，时人竞为模范"，就是指文风改革对当时社会风尚转变产生了积极影响。前两年，有一种说法，叫作"八项规定改变中国"，而八项规定中就关于改进文风作了明确的规定。

文风反映思想意识。一个人的文字风格，能够在某种程度上反映出这个人的世界观、人生观、价值观，也能从一个侧面折射出文章的品位和作者的品格。文风所表现出来的思想和作风，是党风政风的缩影。文风不好，最主要的体现就是文风不实，与群众生疏、离泥土太远、与时势不合，不明世道兴衰、不懂"人情世故"、不识"人间烟火"。只有在思想上尊重群众，在感情上亲近群众，在工作上贴近群众，才能从根本上改变文风。具有大地的质朴、带着泥土芬芳的文风，才是真正格调高雅、受群众喜爱的好文风。

　　文风体现学风学识。抱着什么立场学习、以什么态度学习、用什么样的思想方法学习，就会产生什么样的学风；而有什么样的学风，就必然会产生什么样的文风。为什么有那么多食洋不化、泥古不化的典型，说到底都是学习立场、学习态度、学习方法不正的问题。为着更好地为人民服务而学，真正为民立言，就要主动去学习使用人民群众清新朴实、言简意赅、生动活泼的语言，写出言之有物、深入浅出的文稿。毛泽东曾经严肃地批评道："有些天天喊大众化的人，连三句老百姓的话都讲不出来，可见他就没有下过决心跟老百姓学，实在他的意思仍是小众化。"他一再强调，"要学会用自己的话写文章"。自己的话，实则是自己的观念、理念和思想。在毛泽东看来，改文风不只是"改文字"，而是思想深处的革命。

　　在中国共产党党内，历来都是将文风作为关涉党风、学风、思想作风和社会风尚的重大问题来对待的。毛泽东在《整顿党的作风》中明确指出："学风和文风也都是党的作风，都是党风。""必须抛弃党八股，采取生动活泼新鲜有力的马克思列宁主义的文风。"把文风问题上升到党风层面来看待并加以解决，中国共产党是第一次、毛泽东是党内第一人。伟人如炬的目光，深刻印证了中国共产党对历史发展规律的精准把握，也充分彰显了中国共产党人伟大的历史主动精神。

　　党的十八大以来，以习近平同志为核心的党中央对改文风、转作风拿出了很多"干货""实招"。如中央八项规定明确要求：提高会议实效，开短会、讲短话，力戒空话、套话。精简文件简报，切实改进文风，没有实质内容、可发可不发的文件、简报一律不发。在改进文风上，习近平总书记不仅高位引领，而且率先垂范。具有鲜明"习氏风格"的话风文风，既朴素平实，又深刻新颖，犹如一股清新之风吹来，令人神清气爽。

## 7.2 文风出问题，实质是思想作风出了问题

"语言的烂污，则是精神生病的标志。"英国作家本·琼生的这一观点，是对文风问题实质的根本性认识。文风出了问题，表现在文字上，根一定是在思想深处。如果说文品折射人品，那么只要还没有成为某种风气，文品的好与不好，都只是反映了写作者个人的人品问题。但是，一旦"成风"，就不再是个人的问题了。当扭曲的话风语风成了潮流，甚至成了被广泛追逐的时尚，那一定是整个社会的话语体系和时尚潮流出了问题。从执政党的角度检视，就是党风政风的问题，根源是思想作风出了问题。因此，从根本上解决文风问题，就要从思想作风入手。

好文风，立场为先。思想作风问题，说到底是世界观、人生观、价值观的问题，是党性修养问题。具体到文风上，首先要解决的是为什么人的问题。眼中无群众、心中只有私利，屁股必然坐歪，立场肯定就要出大问题，必然会反映在不好的甚至很坏的文风上。这方面想明白了、弄通透了，文风所体现出来的人生态度、行为方式和精神境界、精神风貌等，都会有极大的不同。如果行文之先，就设身处地为千千万万群众着想，其结果和效果都会大不一样。

既然文风背后是立场，那么改文风就要解决如何转立场的问题。下决心拜群众为师、向群众学习、为群众立言，就是最好的方法路径。毛泽东曾经说过："没有满腔的热忱，没有眼睛向下的决心，没有求知的渴望，没有放下臭架子、甘当小学生的精神，是一定不能做，也一定做不好的。"立场站稳了，文风才能端正。

对群众有真正的感情，就会主动走向社会、深入基层，贴近百姓、反映民情，从而形成通俗易懂、生动活泼、理论联系实际的文风。这也

是对马克思主义理论的正确认识和态度，体现着马克思主义理论的性质。

好文风，内容为王。文风好不好，核心看内容。习近平总书记强调："最要反对的是空话连篇、言之无物的八股文。"有的人经常"表态不咸不淡、讲话不痛不痒"，有时长篇大论讲得很是起劲，却只见"正确的废话、好听的虚话"，就是很少见到"管用的真话、实话"。毛泽东讽刺这种现象是"懒婆娘的裹脚，又长又臭"，他认为写这种文章，"就是下决心不要群众看。因为长而且空，群众见了就摇头，哪里还肯看下去呢"。

内容要好，贵在"四有"：言之有物、言之有理、言之有情、言之有趣。

言之有物，重在解决问题。问题意识、问题导向，是改文风的风向。善于发现矛盾、敢于提出问题、精于分析问题、勇于解决问题，才能展示好文风、好作风。毛泽东历来主张"到什么山上唱什么歌"，一切从实际出发，具体问题具体分析，做到"看菜吃饭，量体裁衣"。只有对形势发展有明晰的判断分析，对问题和矛盾有深入的研究，对推动实际工作有充分的考虑，才会去讲和写。这是实事求是和科学精神在文风上的体现，值得后人景仰和追随。

言之有理，重在增强说服力。马克思曾说："理论只要说服人，就能掌握群众；而理论只要彻底，就能说服人。所谓彻底，就是抓住事物的根本。"说理要彻底，就是要揭示出事物外在的特征和内在的本质，揭示出事物发展的规律，从而抓住事物的核心要素。"文章千古事，得失寸心知。"说理精准彻底，才能经得起历史、人民和实践的检验。

言之有情，重在真挚动人。白居易曾说："感人心者，莫先乎情。"文风好的文章一定是有感情、有温度的，能够直抵人心、抚慰心灵。是否真正做到动之以情，以能否感动自己为优先检验标准。起草文稿，必先感动自己，才能感动别人。自己都感动不了，别人也会无动于衷。"好言一句三冬暖"，带着感情去写作，这是以文"圈粉"的基本招数。

言之有趣，重在喜闻乐见。养成好文风，就要善于把复杂深奥的问题讲得简单明了，把简单明了的问题讲得深刻透彻，把深刻透彻的问题讲得通俗易懂，把通俗易懂的问题讲得生动有趣。这样才能做到既"有滋有味"又"有识有乐"，这样的文风才会被人喜欢和追捧。好文风，展现出来的一定是"群众风""大众风"和"人民风"，是深受人民群众喜爱的。

好文风，以诚为本。孔子在《周易·文言传》中提出："修辞立其诚。"揭示了中国传统修辞的核心与精华，一直对传统文风有着巨大的影响。好的文风，态度真诚是起码的底线要求。说话、写文章如果连基本的诚意都没有，那就只是在敷衍应付，表达出来的就只会是虚情假意、故作姿态。这种文风，实际上是对别人的一种轻慢和冒犯。

"立其诚"，就要由衷而发，发的是来自内心的声音。有没有真诚之心，是不是发内心之声就是检验标尺。如果说的话、写的文稿都不是自己想说、想写的，都不是表达的自己的由衷心声，能有真诚可言吗？毛泽东、邓小平、习近平讲话、写文章，都有很高的辨识度。毛泽东行文风格大气磅礴、纵横捭阖、不拘一格、文采飞扬，既很有力度，也有浓郁情怀。邓小平讲话、写文章，平白朴实、简洁明快、直截了当。习近平的讲话、文章，朴实中透着厚重大气、通俗中蕴含着巨大真理力量。他们都有各自独特的风格、鲜明的个性，贴上了自己的标签，因为他们讲的都是"自己的话"，一听、一看，就能感受到他们魅力十足的话风、文风。

能不能发出"自己的声音"，先要解决"自己有没有"的问题。得先有自己的观点，才有发出"自己声音"的可能。有些人讲话、撰文照搬照抄，只能当个"传声筒"。事实上，并不是因为他们不想发出"自己的声音"，实在是肚子里没存下多少"干货"，想要拿出东西来示人，却囊中羞涩。解决"有没有"的问题，就得去丰富自己的知识、构建自己的能力储备库。

"立其诚"，就要讲真话、讲实话。讲真话、讲实话不容易，但讲真话、讲实话很重要。不讲真话、实话，何来实事求是？又何以示其诚呢？有的人下笔千言、离题万里，照本宣科、人云亦云，信口开河、不接地气，在文风上只见"长空假"，不见"短实真"。这样的文风文品，是其思想意识、精神境界、道德品质的真实映照。缺乏基本的真诚，不仅是人品问题，体现在工作上，就会转化为缺乏起码的责任心。如此文风，早该摒弃。很多时候讲真话，表达的是个人的智慧，真话中有自己的认知和观点，也带有自己的取向与情感。有真知灼见和感情温度的文风，自然更有生气、更有灵魂、更有感染力，自然也更受欢迎。

"立其诚"，就要还原本真。这就要坚持只述实事实理、不说空话假话，只讲真心话、不讲违心话。如果不能做到"真话全都说"，也至少应该做到"假话全不说"。说话、撰文，都要力图还原天然本色、原汁原味呈现，反映真实情况和事物的本来面目。还原本真，"简"是基本路径。那种简单的事往烦琐里说、短话也要往长里说、无话还要找话说的人，骨子里恐怕就没有多少真诚可言。古人说"大道至简""简为文章尽境"，做到了"简"，就很容易还原"真"。坚持"真"，就不会为哗众取宠而故弄玄虚、卖弄文笔，也不会为换取名利而曲意奉迎、巧言媚俗。

总之，养成好的文风，需要涵养胸襟气象，有端正立场、有格局气度，还要坦荡真诚。清代文学家沈德潜说："有第一等襟抱，第一等学识，斯有第一等真诗。"诗如此，文亦如此。

# 7.3 改文风，不妨试一试"十用大全"

虽说"文无定式"，但总有规律可循。改文风，既要切实解决思想认识问题，也要努力理解把握文稿起草规律，找到可行的方法、路径。实践证明，规律使人聪明、灵动，规律引领方法、路径。方法、路径必须是实实在在的，空谈无益也无用。世上本无所谓绝招，只有通过实战检验过的胜招，才是高招、妙招。

一个熟练的文稿写手，一般都掌握了不少管用的写作招数，这些招数，来自文稿起草实践，都是从一点一滴的实战中积累起来的，用顺了就会觉得好使，用好了定然有效、管用。具体到改文风，经过初步总结归纳，以下十个方面也许可以提供不少帮助：用原文、用数据、用典故、用故事、用对比、用排比、用短句、用新话、用白话、用靓题。姑且就叫"十用大全"吧。对此"十用"，下文分别一一阐述。

**"十用"之一：用原文**。在任何时候，讲话、写文章都不可能不引用别人的话；在任何情境下，起草文稿都需要借用别人的观点或借助其他素材。无论是引用别人的话，还是采纳其他方面的观点和素材，都必须尊重原意、引用原文。

这里所说的用原文，主要包含两层意思。

一是原原本本地引用原文。以老老实实的态度，规规矩矩地一字一句对照，确保所引用的话与原文完全相符、丝毫不差，准确无误。切忌凭记忆、凭感觉、想当然，把不能确定的"原文"写到文稿里去。工作中，经常遇到这样的情况：有的人起草文稿，不愿动手去翻一翻书，懒得去查一查原文，只凭脑子里的一点不清晰的印象和不确定的记忆，随意引用观点和材料。这样的引文，看起来像模像样，实则谬误重重，说不定会谬种流传、贻笑大方。

二是原汁原味地理解原理。经常听到这样一种说法：原理往往寓于原文之中。正因为如此，在学习活动中，一般都十分强调要认认真真读原著、学原文、悟原理。这样就是要求完整、准确、全面领悟原文中所蕴含的原理精髓，精准掌握运用，指导工作实践。

"用原文"之所以特别重要，并且在这里被列为了"第一用"，与机关单位文稿起草工作的特殊性有关。倘若是自己署名的文稿，那就要"文责自负"，如何用词行文、如何引经据典，完全是其个人的行为，也由其个人承担相应的后果，大可不必去过分计较。但一旦作为一项工作职责，作为文稿起草任务被承担起来，就不再是文稿写手个人的事了，就得对工作负责、对服务对象负责。文稿写手的工作职责，直接指向是"以文辅政"，对其工作性质是有特殊规定和要求的。比如，在政治概念、政治要求，以及基本的价值理念等表达上，必须精准明了，不能随意而为，不允许掺杂半点个人的"私货"。因此，在文稿起草中，有必要把"用原文"作为一条重要工作原则来对待。

理解含义，原文最精准。前几年，学术界有一本反响较大的书——《回到马克思》。其作者张一兵主张，通过对第一手文献的真实解读，回到马克思的原初理论语境、回归马克思的本真心路历程，从而为马克思主义理论创新奠定全新的思考起点。显然，这一主张有着非常积极的理论意义和实践意义。起草文稿是政治性极强的工作，在所有政治性表述中，自然属经典著作的表述最准确。对习近平新时代中国特色社会主义思想最精准的表述，必定在习近平系列重要讲话里。要学习领会其精神实质，就要精读细研原著原文。把握了原著原文的精神要义，才有助于领会精神实质，做到学而有悟、学有所得、学为所用。

寻找支撑，原文最有力。文稿中引用别人的观点和素材，不外乎为了达成这样的目的：强化论点、提升主题说服力，强化论据、提升观点支撑力，强化地位、提升同行认可度。显然，从经典原文中寻找佐证、寻求支撑，来得更直接、更有力，也更令人信服。经典是经过历史和实践检验的人类文明成果的精华，越是经过历史长河的洗礼，越发显得历久弥新，持久闪烁着真理的光芒。用经典中的原文强化自己文稿的论点、佐证自己文稿的立论，具有无可争议、更为强大的理论说服力、真理影响力、实践推动力。比如，要讲做到"两个维护"，自然而然地就会引用习近平总书记的重要论点和要求，这就是最高站位和最强支撑。对有些政治性很强的表述，完全用自己的话恐怕很难讲清楚、讲到位，而很多经典著作对此早就说到点上、根上了，不如直接去引用原文，或者在完整、准确、全面理解的基础上，用自己的话原汁原味地把原理呈现出来。

说理到位，原文最通透。文稿起草是一种高强度的劳动，这种劳动，既有脑力的，也有体力的。很多时候，一个文稿写手劳神费力地写了一大段话，以试图说明某一件事、讲清某一个道理，结果发现，绕了一大圈，事情还没说清楚，废话倒是说了一大箩筐。这个时候就会发现，自己说了一大堆话，还不如引用别人的某一句话管用。比如，毛泽东一句"'枪杆子'里面出政权"，一下子就讲清了中国革命必须依靠武装斗争夺取政权这一根本性问题；邓小平一句"发展才是硬道理"，深刻阐述了以经济建设为中心这个党的基本路线的核心内容；习近平总书记以"人民对美好生活的向往，就是我们的奋斗目标"这样朴实的语言，深刻表明了践行党的初心使命的意志和决心。类似的话，一句强过十句、百句，比用任何方式说理都讲得通透、有力。这样的佳句名言，必将永久流传。

需要特别强调的是，能够拿来所"用"的原文，绝非一般作品，多数属于上品、精品，也就是公认的经典之作。坚持用原文，是对经典应有的尊重，也体现出一种严谨的治学态度。尤其对文稿写手来说，所承担的工作有着更强的政治属性，所引用的很多是马克思主义经典著作中的观点，就更应体现严肃认真的精神。在引用原文上是否规规矩矩，本身就是政治态度、政治意识的体现，切不可马虎对待、随意应付。引用原文，要原原本本、原汁原味。对待原文，不可断章取义、随意剪裁、曲意解读、妄加引申，这是基本的学风和文风，也是基本的党风和政风。

**"十用"之二：用数据。**数据语言与文字语言一样，都是文稿的重要表达形式。"用数据说话"讲的就是这个道理。管理大师爱德华兹戴明说："除了上帝，任何人都必须用数据说话。"作为一个文稿写手，除了用文字说话外，是否善于"用数据说话"，是检验其水平高低的一个重要方面。因此，必须把数据运用作为文稿起草的一种基本技能和重要手段来掌握。在大数据时代，不善于收集数据、分析数据、运用数据，就会跟不上时代，也无法承担起相应的工作职责，被淘汰出局是迟早的事。

自古以来，善用数据就是胜算之道。《孙子兵法》开篇就说："兵者，国之大事，死生之地，存亡之道，不可不察也。"这个"察"，就有测算、计算的意思，就是要用数据进行分析。通过运算分析，把情况弄清楚，才能"知己知彼，百战不殆"。《孙子兵法》认为："夫未战而庙算胜者，得算多也；未战而庙算不胜者，得算少也。多算胜，少算不胜，而况于无算乎？"用今天的话讲，这段话的意思就是，未开战而在庙算中就认为会胜利的，是因为具备的制胜条件多；未开战而在庙算中就认为不能胜利的，是因为具备的制胜条件少。具备制胜条件多则胜，少则不胜，何况一个制胜条件也不具备的呢？显然，这就必须计算周密、谋划周全。《孙子兵法》还说："夫将者，国之辅也。辅周，则国之必强；辅隙，则国必弱。"这里的"周"和"隙"都是可以被量化的，也就是可以用数据计算出来的。只有做到心中有数，才能操之有度、行之有方。可以这样认为，《孙子兵法》就是一部运用数据的兵书宝典。孙子的后人孙膑也是运用数据的高手，在齐魏马陵之战中，孙膑通过施行减灶之计，诱使庞涓上当，使齐军大败魏军。这也是善用数据制胜的典范。

兵事如此，商事活动中的数据运用同样精彩。在世界著名连锁快餐店麦当劳的发展史上，曾经发生了一个广为人知的故事：1937年的时候，麦当劳共经营有26种快餐食品，但是经营状况并不好。为查找原因，麦当劳兄弟制作了一张销售情况表，发现总销售额中汉堡包占到80％，其他只占20％。于是兄弟俩一商量，砍掉了16种产品，集中售卖汉堡包，并且将价格由每个30美分下调为15美分。从此，麦当劳的销售量和利润不断攀上新台阶，逐渐发展成为全球著名的快餐连锁店。

善于运用数据也是中国共产党的制胜之道，并且有许多是公开写在文章中的。毛泽东就是运用数据分析的大师，在经典著作《论持久战》中，通过大量数据分析，认为抗日战争是艰苦卓绝的持久战，但中国必胜、日本必败，并且精准地预测了战争发展的三个阶段。因此，有人评价，在抗日战争中，中国战胜日本侵略者的策略实际上早就写在了《论持久战》中，中国共产党玩的完全是"阳谋"。

在《党委会工作方法》中，毛泽东精妙地用"弹钢琴"来类比党委会的工作："党委要抓紧中心工作，又要围绕中心工作而同时开展其他方面的工作。"要分清主次、轻重，党委的同志必须学好"弹钢琴"，在"弹钢琴"的时候要做到"胸中有数"。怎么才能做到胸中有数呢？这就"必须有个基本的调查，基本的分析，不可无根据地、主观地决定问题"。在毛泽东看来，对情况和问题一定要注意到它们的数量方面，要有基本的数量分析。不懂得注意事物的数量方面，不懂得注意基本的统计、主要的百分比，不懂得注意决定事物质量的数量界限，一切都是胸中无"数"，结果就会犯错误。

邓小平讲话、写文章也偏爱用数字说话，"算账"也很精细。比如，在《关于经济工作的几点意见》中，为了仔细解释20世纪末人均国民生产总值达到1000美元目标是如何考虑的，他不惜笔墨，用了一大堆数据。他说："据澳大利亚的一个统计材料说，一九七七年，美国的国民生产总值按人口平均为八千七百多美元，占世界第五位。第一位是科威特，一万一千多美元。第二位是瑞士，一万美元。第三位是瑞典，九千四百多美元。第四位是挪威，八千八百多美元。我们到本世纪末国民生产总值能不能达到人均上千美元……现在我们的国民生产总值人均大概不到三百美元，要提高两三倍不容易。"后来，根据国民经济调整的实际，也对小康目标进行了调整："经过这一时期的摸索，看来达到一千美元也不容易，比如说八百、九百，就算八百，也算是一个小康生活了。"对于什么是小康，当时多数人并没有明确的概念，邓小平用800或1000美元具体数据说话，一下子就让人明白了。

习近平总书记指出："坚持实事求是，最基础的工作在于真正摸清楚本地区本部门本单位的实际情况，真正摸清楚影响改革发展稳定的突出问题，真正及时了解人民群众的所思所盼，这样才能真正掌握客观实际，真正做到耳聪目明、心中有数。"这番论述既教了用数据的方法，也体现了高度的党性意识和责任意识。

文稿中，数据的大量使用与文字相结合，凸显出多重优势。

一是更准确。从决策上看，多用数据说话，就是用数据代替认知的片面性和经验的局限性。从文稿起草看，数据的准确性，能够很好地弥补文字的概略性、模糊性。对一个事物或事件进行描述，再精妙的文字，都不如具体的数据分析来得精准贴切。尤其是进行经济形势分析，只有运用了大量的数据，才能全面真实地反映经济运行情况。在数字面前，任何语言文字都会显得苍白无力。

二是更信服。有数才有据，数字就是根据、依据。讲理说事，仅说些"大道理"是不行的。没有事实铺垫、没有数据支撑，讲"大道理"就很容易讲成大话空话，"大道理"也容易被理解为"空道理""假道理"。大话空话没有人愿听，"空道理""假道理"也没有人信。唯有数据更能够给人以真实的感觉，让人感到更亲切。甚至有人讲，现在起草文稿，不提大数据都不好意思再写下去。

三是更简洁。从表达方式来讲，数字无疑是最简洁的。一个数据，或者一组数据，往往能够替代一大堆文字。在短稿盛行的时代，惜墨如金成为时尚，用数据就是最好的也是最常用的方法。有的时候一个精确数据的运用，使文稿更显妙笔生花，所带来的感受不亚于吟取诸多金句名言所带来的强烈获得感。

大数据时代，数据作为重要的要素资源，是现实存在的。使用数据，是为了精确反映客观事物的状况。但数据本身也存在质量差异，大量低质、无效的数据每时每刻都在产生，对工作形成不必要的干扰。因此，区分出有价值的数据为我所用，是文稿写手的一种能力和本事。有价值的数据不会自动生成，文稿写手既需要善识数、会辨数，广泛获取有用的数据；也需要善于整理、加工数据，把数据背后的价值充分开发出来。

在数据的汪洋大海里，找到价值含量较高的数据并非易事。识数，就是识别具有较高运用价值的数据，把真正对于文稿起草有用的数据找出来。对于文稿起草者来说，所用数据不一定要达到专业分析研究报告那样的精度和深度，但必须是权威的、系统的、全面的。领导文稿引用的数据，应主要源自官方，如统计系统公布的法定数据。如果不是直接引用，而是使用经过研究加工的数据，也应该主要以官方公布的原始数据为源头，切忌以随意采拮的数据为依据。要把作研究分析用的数据，与公开发布的数据区分开来，确保用在领导文稿中的数据，一定是权威的数据。辨数，就是辨析真伪。海量的数据中，鱼目混珠、真伪难辨。从某种意义上说，这是一个"变数"很大的社会，面对并不确定的海量数据，要形成确定性的认知，必须有"辨数"的能力。去伪存真、去粗取精，才能真正做到"胸中有数"。用这样的数据说话才能让人放心、踏实，令人信服。

**"十用"之三：用典故**。写稿撰文，用典历来都是十分重要的手法。用典主要包括两类：一是用事，即引用历史故事，包括人、物和事等诸多方面的；二是用句，即引用前人的名言名句。刘勰在《文心雕龙》中对用典的解释是："据事以类义，援古以证今。"就是说用典就在于以古论今、托古言意、借古抒怀，将自己想要表达的观点、看法和情感、倾向，通过引用一些前人的经典故事或金句名言阐述出来。

对于用典的意义和作用，《文心雕龙》说："明理引乎成辞，征义举乎人事，乃圣贤之鸿谟，经籍之通矩也。"无论是用事，还是用句，引用的都是历代传承、广为传诵、众人追捧的经典，因而用典既能大大增强文稿的可信度和说服力，又能提升文稿的美誉度，使文稿更加可亲、可读。事实上，即使是有"严肃、正统"之称的领导文稿，也并不排斥用典，以文辞妍丽、声调和谐来增加文稿的外形之美，这与丰富其内涵并不矛盾。反而是千篇一律、千文一面，"板起面孔"教训人的"八股味"文稿不讨人喜欢，令人敬而远之。

但凡文稿写作能手，无一例外都是用典高手。读毛泽东的文章、习近平的讲话，均会为其中的精妙用典所折服。毛泽东写文章用典，善于旁征博引，无论是史籍箴言、古诗名句，还是神话传说、中外谚语，皆信手拈来，古为今用、洋为中用，推陈出新、妙笔生花。如《水调歌头·游泳》诗中的"子在川上曰：逝者如斯夫"，出自《论语·子罕》中的"子在川上曰：'逝者如斯夫，不舍昼夜'"。"自信人生二百年，会当水击三千里"，源自《庄子·逍遥游》中的"水击三千里，抟扶摇而上者九万里"。《菩萨蛮·大柏地》中的"雨后复斜阳，关山阵阵苍"，出自温庭筠《菩萨蛮》中的"雨后却斜阳，杏花零落香"。《七律·人民解放军占领南京》中的"天若有情天亦老，人间正道是沧桑"，出自李贺《金铜仙人辞汉歌》中的句子。

习近平总书记也偏爱用典，连续九年的新年贺词都以典说事、引典明理、用典寄情。如2022年"踔厉奋发、笃行不怠"中的"踔厉"出自韩愈《柳子厚墓志铭》中的"议论证据今古，出入经史百子，踔厉风发，率常屈其座人"；"笃行"出自《礼记·中庸》中的"博学之，审问之，慎思之，明辨之，笃行之"。2021年"和顺致祥"，化用自《汉书·刘向传》中的"和气致祥，乖气致异"。2020年"只争朝夕，不负韶华"中的"只争朝夕"出自毛泽东《满江红》中的"多少事，从来急；天地转，光阴迫。一万年太久，只争朝夕"；"韶华"出自韩维《太后阁》中的"迎得韶华入中禁，和风次第遍神州"，白居易《香山居士写真诗》中的"勿叹韶华子，俄成皤叟仙"，李大钊《青春》中的"赠子之韶华，俾以青年纯洁之躬，饫尝青春之甘美"。2019年"岁月不居，时节如流"，语出孔融《论盛孝章书》中的"岁月不居，时节如流，五十之年，忽焉已至"。如此范例甚多，难以一一举例。这些典故，经习近平总书记引用，均已成为年度热句。

　　跟高手学习，成长进步就会更为快捷。从毛泽东、习近平的用典中，可以体悟到一些用典方法。粗略概括这些方法，主要包括以下几类。

　　一是善用"子曰诗云"。悠久厚重的中国历史和博大精深的中华传统文化，是取之不尽、用之不竭的宝贵财富。引经据典历来是我国文人创作时的习惯传统，也是起草各类文稿的重要手法。在领导文稿中把典故用好，用到真情实处、用得恰到好处，既彰显出活用国学经典的基础底蕴，也洋溢着传承发展中华优秀传统文化的高度自觉。

　　中国古代典籍汗牛充栋。饱读诗书，才能胸藏万卷；学富五车，方能用典自如。刘勰说："夫山木为良匠所度，经书为文士所择，木美而定于斧斤，事美而制于刀笔，研思之士，无惭匠石矣。"只有潜心做这种匠心独具的"研思之士"，才能观今鉴古，以古成今。在撰文写稿中，要真正将文化名人、历史典故、神话传说、寓言故事融会贯通，说古喻今，使典故与现实结合起来，既传递知识，又给人启迪，从而使人产生更多共情共鸣。毛泽东平生读书破万卷，用典如有神。他行文引经据典，并将其完全纳入自己的语境，全部融入自己的情境，为了表达自己的意念，化古为今，突出时代主题。从伟人毛泽东出神入化的用典中，能够真正体会到"水中着盐，饮水乃知盐味"的境界，体会到浓郁的民族特色和中国气派。

　　二是善用"喜闻乐见"。就是通过运用群众喜闻乐见的古谚、俗语、民谣等，增强文稿的可读性、通俗性、可信性。在一些文稿初习者的心目中，可能觉得用典是为了显示出文章的"高深""脱俗"，而实际用意完全与此相反。如果为了追求所谓的"高深""脱俗"而去强行用典，就违背了撰文的初衷，是写不出好文稿的。引经据典，不是为了故作艰深，也不是为了附庸风雅，而是为我所用，通过引用经典提升受众的阅读意愿、增强其阅读感受。毛泽东在《沁园春·雪》中，用寥寥数语，就对秦皇汉武、唐宗宋祖、成吉思汗"略输文采""稍逊风骚""只识弯弓射大雕"作了总体概括，自然引出"数风流人物，还看今朝"。这类用典，在毛泽东的著作中比比皆是。

三是善用"入乡随俗"。到什么山上唱什么歌，拉近距离、拉近情感。在不同的外交场合，习近平总书记非常善于通过运用所在国名人名言和历史典故，拉近中国人民与世界各国人民的距离、感情。例如，2013年3月，他在俄罗斯莫斯科国际关系学院的演讲中，专门提到车尔尼雪夫斯基的名言"历史的道路不是涅瓦大街上的人行道"，用以阐明人类社会历史的发展并非一帆风顺，而是曲折复杂、充满挫折和困难的，但没有任何力量能够阻挡历史前进的车轮。2014年7月，在巴西国会演讲时，习近平总书记通过200年前首批中国茶农漂洋过海到巴西种茶授艺的历史，讲述巴西的"中国茶缘"故事，启示中巴人民将走向更加光辉灿烂的未来。2015年10月，习近平总书记在英国议会发表讲话时，引用莎士比亚名言"凡是过去，皆为序章"，期待中英两国在合作共赢的新时代"向前看"。2015年11月，习近平总书记在新加坡国立大学演讲时，讲述15世纪初中国明代航海家郑和多次造访新加坡，现在新加坡海事博物馆里藏有一艘按原样复制的郑和宝船，这一下子就让本来就有"亲戚"感的两国民众情感变得更深了。

四是善用"手法赋新"。所有典故都是有其当时的语境的，运用到现今时代的话语中，需要赋予其新的内涵。"手法赋新"不外乎这样几种形式：正用、化用和反用。

正用就是直接引用，但赋予其新意。毛泽东在《七律·人民解放军占领南京》中，用项羽优柔寡断、兵败自刎于乌江的历史教训，强调"不可沽名学霸王"，必须将革命进行到底。以古喻今，让人印象极其深刻。在《七律·洪都》中，"祖生击楫至今传""闻鸡久听南天雨"的句子，分别使用了"祖生击楫""闻鸡起舞"的典故，这就是明用典故的典型范例。借原典中的人和事，鲜明表达对典故中人物的高度认同，以此表明对现实语境中人和事的态度。

化用，也被称作"借用""套用"。根据行文表达的需要，将前人作品中的句子化解开来，组合运用，形成一个与前人作品既有密切联系，又不同于前人表达的新的语言形式和语言意境。毛泽东《浪淘沙·北戴河》中有这样的句子："萧瑟秋风今又是，换了人间。"就是化用了曹操《观沧海》"秋风萧瑟，洪波涌起"的内容。习近平的《摆脱贫困》一书中，收录了《弱鸟如何先飞——闽东九县调查随感》一文，他在文中把闽东比作"弱鸟"，而这只"弱鸟"却实现了先飞。"弱鸟先飞"是化用成语"笨鸟先飞"。"弱鸟"并非"笨鸟"，一字之差，反映出的是积极向上的精神，以此说明"弱鸟可望先飞，至贫可能先富"。古代诗文中，化用是极为常见的表现手法。王勃《滕王阁序》中的"落霞与孤鹜齐飞，秋水共长天一色"，就化用了庾信《射马赋》中的"落花与芝盖齐飞，杨柳共春旗一色"。刘禹锡《陋室铭》中的"山不在高，有仙则名；水不在深，有龙则灵"，化用自《世说新语》"山不高则不灵，渊不深则不清"。化用而成的新句子，既与原文有所关联，又高于、异于原文，有着推陈出新的功效。

反用就是"反其意而用之"。反用典故，就是只取其外壳而除去其糟粕，赋予其全新的内核，从而使之具有时代的蕴涵，达到化烂熟为新颖、化腐朽为神奇的效果。毛泽东在《七律·人民解放军占领南京》中号召"宜将剩勇追穷寇，不可沽名学霸王"。前一句是典型的反用典故，"穷寇勿追"是历代古训，"勇追穷寇"历来为兵法大忌。但毛泽东却根据时局的变化，反其道而行之，以表达"打倒蒋介石，解放全中国"的坚强决心。

**"十用"之四：用故事。**故事就是往事、以前的事。行文用故事，就是用往事来说事讲理。前文刚刚讲了"用典故"，这里又专门讲"用故事"，这是因为典故与故事是既有区别，又有联系的不同概念。一般而言，许多典故本身就是故事，这是二者的交集重合部分。但并非所有典故都属于故事，如名言名句是经典语言，但不属故事范畴。因此，有必要把典故和故事分开来阐述。

在世界上的任何一种文化形态中，故事都是文化传统赓续和价值理念传承的重要载体，讲故事也历来被作为文化传播、价值推介的重要手段。文章高手，必然也是高水平的"段子手"。讲好故事能滋润心灵、激发思考、励志育人，给社会注入希望和力量。有许多这样真实的案例，一个懵懂少年，只是偶尔听到或看到某一个使之感动的故事，便从此立志追求某一个方面，或者成为科学工作者，或者走上革命的道路。这就是故事的力量，发挥出了引导人、教育人的作用，最终让人们在思想和感情上产生双重共鸣，形成某种价值取向的坚定信念。

毛泽东的文风之所以被广泛称道，有着许多因素共同支撑，其中善讲故事为其文章增添了很多色彩。据记载，关于愚公移山的故事，毛泽东就在不同场合多次讲、反复讲。1938年4月30日，在延安抗大第三期第二大队毕业典礼的讲话中，毛泽东要求大家学习愚公挖山的精神。1938年12月1日和1939年1月28日，毛泽东在抗大作讲演，又两次讲到愚公移山的故事。在中国共产党第七次全国代表大会上，愚公移山的故事他至少又讲了三次。一次是4月24日在口头政治报告上讲的。一次是5月31日在大会的结论中讲的。毛泽东说："同志们！我多次讲愚公移山的故事，就是要大家学习愚公的精神，我们要把中国反革命的山挖掉！把日本帝国主义这个山挖掉！"在6月11日七大闭幕式上，毛泽东所致的闭幕词题目就是"愚公移山"。短短的闭幕词，愚公移山的故事占了很大篇幅。毛泽东说："愚公批驳了智叟的错误思想，毫不动摇，每天挖山不止。这件事感动了上帝，他就派了两个神仙下凡，把两座山背走了。现在也有两座压在中国人民头上的大山，一座叫作帝国主义，一座叫作封建主义。中国共产党早就下了决心，要挖掉这两座山。我们一定要坚持下去，一定要不断地工作，我们也会感动上帝的。这个上帝不是别人，就是全中国的人民大众。全国人民大众一齐起来和我们一道挖这两座山，有什么挖不平呢？"毛泽东推崇愚公移山的精神，说到底是提倡面对困难无所畏惧、勇往直前，义无反顾、坚持不懈的奋进精神和大无畏精神。

习近平总书记也是善讲故事的高手，有评价称，他在不同场合所讲的故事，贯穿着中国历史文化之"道"，中国改革发展之"道"，中国参与全球治理之"道"，充满着"中国智慧"和"中国风格"。关于"鞋子合不合脚"的故事，他就多次讲过。2013年3月23日，习近平主席在莫斯科国际关系学院发表演讲，首次讲到"鞋子合不合脚，自己穿了才知道"。2022年3月23日，习近平总书记在向中国共产党和古巴共产党第四届理论研讨会致贺信时，再次谈及"鞋子合不合脚，只有穿的人才知道""中国特色社会主义制度好不好、优越不优越，中国人民最清楚，也最有发言权"。方向决定道路，道路决定命运。对于任何一个国家和民族而言，符合自己国情和传统的道路、得到最大多数人拥护的道路，就是最好的道路。如何衡量发展道路的合适与否呢？只有本国人民最有发言权。习近平总书记用"鞋子合不合脚"的故事，十分精妙地阐述了中国特色社会主义是中国最好的发展道路这一真理。

用故事说事讲理，历史是资源丰富的宝库。习近平总书记强调："历史是最好的教科书。"唤起人们的共同记忆，历史是最好的沟通平台，历史故事是建立起人们之间联系的无形纽带，能够有效地凝聚人心、形成共识。陈望道在翻译《共产党宣言》时"蘸着墨汁吃粽子"的故事，向世人展示出"真理的味道非常甜"的至深感受。红军长征中"半条棉被"的故事，充分展示了党和红军同人民风雨同舟、血脉相通、生死与共，这是中国共产党和红军取得长征胜利的根本保证。这些生动的故事，任何时候都能深深地打动人、激励人。

用故事说事讲理，现实社会提供了取之不尽的素材。我们正处于中华民族伟大复兴战略全局和世界百年未有之大变局的历史交汇期，每天都在发生着海量的故事。善于用故事，就要关注现实，注目当下，讲好自己身边人的当下事。这些故事来自现实，发生在身边，亲和力强，更容易打动人、感染人。

**"十用"之五：用对比。** 从字面理解，用对比，就是在行文中运用对照比较的方法，以突出中心议题和重点对象，从而更加彰显文稿的力度和效果。在行文中运用好对比，能够强烈地提升语言表达的气势。如"政之所兴在顺民心，政之所废在逆民心"，以对比凸显民心向背在政府治理中的决定性作用。诸葛亮在《出师表》中写道："亲贤臣，远小人，此先汉所以兴隆也；亲小人，远贤臣，此后汉所以倾颓也。"用强烈的对比，力劝后主刘禅亲贤用能。毛泽东在党的八大开幕词中提出"虚心使人进步，骄傲使人落后"，也运用了对比的手法。

用对比是重要的决策方法。毛泽东指出，指挥员的正确部署来源于正确的决心，正确的决心来源于正确的判断，正确的判断来源于周到和必要的侦察，以及对于各种侦察材料的连贯起来的思索。要"研究双方的对比和相互的关系"，因而构成判断，定下决心，作出计划。善于"研究双方的对比和相互的关系"，从一个方面体现出毛泽东高超的决策艺术和能力。如在指挥解放战争期间，他经常对国共双方力量作对比分析，从而敏锐地捕捉战机，作出重大决策，解放战争由原定的五年，提前至三年就取得了胜利。

"有比较才有鉴别"。万事万物，因对立而存在和发展。把两种矛盾对立或者相同相似的事物，放在一起加以对照比较，从不同侧面进行分析，寻找相似性、明确差异性，从而能更充分地揭示事物的本质，使所要阐述的事理更加深刻，更有说服力。在领导决策中，运用好对比分析，能更清晰地明白所面临的形势，精准分析判断自身实力。对比越具有鲜明的区分度，越能避免因对形势研判过分含糊而出现的失误。

"没有对比就没有伤害"。有时为了鲜明地说明某一个方面的情况，将对比度很高的两件或多件事物放在一起比较，让人更清晰地看到其高低之分、优劣之差、好坏之别。比如，在新冠肺炎疫情中，美国死亡人数过百万。如此扎眼的数据，将美国的"躺平"式抗疫和中国实施"动态清零"的总方针作了深刻对比，对其背后两种制度的政治能力和治理能力进行比较，高下之分一目了然。

运用对比手法，具有简单、直观和量化的特点，本质上是通过对比形成的差异化结论，揭示事物发展的趋势和存在的问题。日常运用比较多的，有横向的对比，就是通常讲的与别人比；也有纵向的对比，就是常说的与自己的过去比。文稿中无论是运用横向还是纵向对比，因为选取的对比对象、指标、数据来源及其组合方式不同，产生的对比效果也必然是不一样的。在比较对象的选取上，既可以是相似的同类比较、同行比较，也可以是具有很大差异，甚至完全不同的异类间比较。比如，在文稿中经常进行同属一个区域的对比，如中部、西部，或是沿海各省份之间的比较，这属于同类比较。有时也将中、西部省份与东部沿海省份进行比较，这属于异类比较。有时为了弄清楚某阶段的发展状况，也将某一时段的情况单独拿出来作对比分析。

日常文稿起草中，运用比较多的对比分析，大体有这样几个方面。

一是总体性比较。通过总体性比较，形成相应的整体概念。如2021年中国GDP相当于美国的77%左右，这就是总体性比较。总体性比较可以非常直观地形成整体的概念性描述，显著标明对比双方的差异。总体性比较虽然能够形成直观的整体印象，但并不能表示对比双方的发展历史、运动轨迹和发展趋势，这就需要进行波动性和趋势性比较。

二是波动性比较。某一阶段经济运行波动性较大，历史上有没有类似的情况？本地区的波动情况与其他地区对比是什么样的？要弄清这些问题，需要作相应的对比分析，进行标准差、方差、极差、变异系数分析，从分析中找出问题和规律，提出针对性的应对办法。在经济形势分析中，同样是面临经济增速下滑的情况，下滑的速度如何，能够在一定程度上反映经济波动的状况，可以用纵向和横向对比，作出相应判断。

三是趋势性比较。把握趋势，才能掌握主动。无论是面临有利的发展形势，还是严峻的内外部环境，都需要对趋势走向作出判断。如果经济增速都处在下行或上行通道中，这是不是趋势性问题，可以通过对比分析寻找答案。如果通过对比，发现有的下滑或上涨速度明显较快或较慢，就需要进行进一步的比较分析，找出导致这一差异的根源。

就经济形势分析而言，目前用于领导使用的这类文稿，往往比较多的还停留在总体性比较方面，更深入的波动性分析比较、趋势性分析比较还需要运用得更充分一些。

**"十用"之六：用排比**。排比的行文方式，使语气连贯、节律强劲，读起来朗朗上口，让人感受到有一股强大的力量扑面而来，从而增强文章的表达效果和气势，极大地提升说服力和感染力。

　　将排比手法运用于领导文稿起草中，历来都是十分常见的。毛泽东经常运用排比，将道理说得更充分透彻。他在《为人民服务》中用排比强调："我们的干部要关心每一个战士，一切革命队伍的人都要互相关心，互相爱护，互相帮助。"有时，毛泽东也恰当地运用排比来表达强烈奔放的情感。比如在《星星之火，可以燎原》中，为了表达对中国革命的信心，他动情地写道："它是站在海岸遥望海中已经看得见桅杆尖头了的一只航船。它是立于高山之巅遥看东方已见光芒四射喷薄欲出的一轮朝日。它是躁动于母腹中的快要成熟了的一个婴儿。"至今读来，仍然感到心潮澎湃。

　　习近平总书记讲话也时常运用排比。比如，2022 年 7 月 1 日出版的第 13 期《求是》杂志，发表了他在省部级主要领导干部学习贯彻党的十九届六中全会精神专题研讨班上的重要讲话《更好把握和运用党的百年奋斗历史经验》，文中排比运用较多。比如："改革发展稳定任务之重、矛盾风险挑战之多、治国理政考验之大都前所未有，世界百年未有之大变局深刻变化前所未有。""继续推进马克思主义基本原理同中国具体实际相结合、同中华优秀传统文化相结合，使马克思主义呈现出更多中国特色、中国风格、中国气派，续写马克思主义中国化时代化新篇章。""要自觉同党的理论和路线方针政策对标对表、及时校准偏差，党中央作出的战略决策必须无条件执行，确保不偏向、不变通、不走样。""要永葆党的马克思主义政党本色。中国共产党从来不代表任何利益集团、任何权势团体、任何特权阶层的利益。在为谁执政、为谁用权、为谁谋利这个根本问题上，我们的头脑要特别清醒、立场要特别坚定。全党同志都要明大德、守公德、严私德，清清白白做人、干干净净做事。""深入推进党史学习教育，进一步做到学史明理、学史增信、学史崇德、学史力行。"文中的排比运用得十分自然贴切，使人印象深刻。

在行文时，除了大量运用排比外，有些文稿也采用"排比段"的写法，以增强文稿的整体可读性与和谐美感。比如，在党代会报告、政府工作报告中，在总结工作时，用"几个一年（或五年）"来概括。类似的写法，在文稿起草实践中，有许多新的样式。

分析运用排比的规律，不难看出，排比句式组合总是遵循着一般规范。有并列式，即将同一类项逐一列举，以基本相同的样式展示，体现系统性、完整性；有递进式，即按照矛盾运动的逻辑关系逐次展开、层层推进，抽丝剥茧、深刻揭示。在相对复杂的文稿中运用好排比，对于充分说理是非常必要的，也给文稿增色甚多。尤其是讲话稿，为了有效地增强演讲的气势，给受众以强有力的感染，往往会大量使用排比。

需要指出的是，排比作为一种修辞手法，应该用得恰到好处、恰如其分。如果只是为了追求辞藻华丽、形式规整，就背离了文稿写作的初衷，也只会起到"因形害义"的不良后果。真正好的文稿，表现形式一定是"自然天成"的，大可不必为追求某种形式，而损害了想要表达的主题。运用排比必须从内容的需要出发，没有必要去生硬地拼凑排比句子、排比段落。过于追求形式而不是在文稿内容上下功夫，是有华而不实之风，而无求实务实之意，实际上就是文风不实。

**"十用"之七：用短句。** 无论什么文体，在句式组合上，均是推崇更多地运用短句的。文章写出来是给人读的，要考虑受众心理和阅读感受，短句比长句给人的阅读体验要好得多。文章越长读的人越少，句子越长读起来越没滋味。机关文稿面向的是社会大众，更需要用通俗易懂的短句表达。为领导所用的文稿，本身属于公文的一部分，同时又因为贴着领导所用文稿的标签，需要有一般文稿所不具备的气势、威严和力度。能够满足这些要求，正是短句的优势所在。

生活常识告诉我们，敲击物体，长竹竿既不好用，又使不上劲，不如短木棒好使。对于文稿写作而言，短句子更有力量，长句子就容易显得虚且空。尤其是领导讲话，讲话就是说话，应不绕弯子、直截了当，简洁明快、铿锵有力。能够体现这一要求的，只有短句子。

1946 年，著名爱国民主人士闻一多先生在昆明纪念李公朴遇害集会上，发表《最后一次讲演》，全篇运用短句，对国民党当局进行了无情的抨击和揭露。这里截取片段作分析。

这几天，大家晓得，在昆明出现了历史上最卑劣最无耻的事情！李先生究竟犯了什么罪，竟遭此毒手？他只不过用笔写写文章，用嘴说说话，而他所写的，所说的，都无非是一个没有失掉良心的中国人的话！大家都有一支笔，有一张嘴，有什么理由拿出来讲啊！有事实拿出来说啊！为什么要打要杀，而且又不敢光明正大地来打来杀，而偷偷摸摸地来暗杀！这成什么话？

今天，这里有没有特务？你站出来！是好汉的站出来！你出来讲！凭什么要杀死李先生？杀死了人，又不敢承认，还要诬蔑人，说什么"桃色事件"，说什么共产党杀共产党，无耻啊！无耻啊！这是某集团的无耻，恰是李先生的光荣！李先生在昆明被暗杀，是李先生留给昆明的光荣！也是昆明人的光荣！

正义是杀不完的，因为真理永远存在！

这篇著名演讲，因其特殊的历史背景、特殊的历史人物和特殊的历史地位，已被永载史册。演讲稿通篇没有一句中长句，完全由单句、分句组成。每一句都没有复杂的修饰，甚至根本不做任何修饰。有许多句子是直接由词语组成的，短小精悍、简单明晰、直抒胸臆，迸发出巨大力量，值得后人反复研读体悟。

行文中尽量用短句，句式组合上基本上以单句为主，主要表达方式口语化。口语化的表达，对于领导文稿来说应该是基本范式。这就要求表达要接地气，用群众听得懂、听得进的大众化语言，用群众耳熟能详的、自己也能讲的话来表达领导意图。讲短话，一般很少使用复杂句式，而是将复杂的表达简单化，把不好讲、也不容易懂的复句尽量拆分开来，细分表述、不绕弯子、简单明了、直抒达意。

**"十用"之八：用新话。**如果一个人的讲话或文章，颠来倒去总是说或写"统一思想、提高认识，强化措施、加强领导"那几句老话套话，这个人的形象和威望绝对好不到哪里去，在群众中的认可度也高不了。现实中，确有长年只念"一本经"的现象存在，一动笔、一开口，蹦出来的都是那几个老词，毫无新意，如同嚼蜡。领导干部是公众人物，其讲话撰文为的是影响公众，要善于讲新话，用新话承载的新思想、新理念、新观点去引领群众。习近平总书记很早就大力倡导"短、实、新"的文风，他认为的"新"，就是思想深刻、富有新意。并且认为，能不能讲出新意，反映一个领导干部的思想水平、理论水平、经验水平以及语言表达能力。

是不是善用新话、敢讲新话，是可以从政治素质方面来评判的。习近平总书记曾经指出，有的干部认为只有照讲文件上的话、报刊上的话，才是同上级和中央在思想上政治上"保持一致"，这完全是一种误解。现实中，要听到新话不那么容易。有的人怕把新话说成"错话"，给自己惹麻烦，担心言多必失，于是言必称经典、文必讲出处，四平八稳，挑不出毛病，却基本上都是"正确的废话"。是不是真正做到"两个维护"，在于是否完整准确全面贯彻落实以习近平同志为核心的党中央的决策部署。那种不深刻领会、不加以结合、不融会贯通中央精神，只求在讲话上与上面"保持一致"的做派，在政治素质方面是不合格的。

文稿要用新话，主要是指思想新、观点新、内容新、表述新。就是要善于把党的创新理论与具体实践结合起来，进行创造性阐述、创造性贯彻、创造性运用。用新话，也包括善于用新的视角、新的方式，将大道理用接地气的方式讲、把老话以新的模式讲，既有内容创新，也有形式翻新，让人觉得有新意、感兴趣，得新知、受启发。

用新话的目标在于追求更好的实际效果。因而，用新话切忌"为新而新"。一味标新立异，提一些不切实际的新口号，造一些华而不实的新名词，以此粉饰外观，实际上，是对用新话的歪曲。用新话，本质上是顺应时代发展要求，掌握经济社会发展规律，用于指导实际工作。

用新话、讲新话，既体现能力，也需要胆识。能力即新知的获得，胆识即求真的担当。新话来源于新知，新知来源于学习。新知既有从书本上学来的，也有向群众学来的。

语境是随着内外环境变化而变化的，在新的语境下，必然有源源不断的新话语涌现。这些新话，就是适应时代而产生的解放了的思想、更新了的观念、创新了的举措的反映。只有用这些创新了的、更加贴近实际的新话来指导实践和推动工作，才能不断创造无愧于时代的新业绩。那些只会讲一些过时的话、不合时宜的话的人，实际上已经在时代的大变局中被淘汰出局了。

新话的另一个重要源头是泥土。新话必然是接地气的话、带泥土味的话。毛泽东号召全党，"要向人民群众学习语言。人民的语汇是很丰富的，生动活泼的，表现实际生活的"。我们党是依靠群众路线走到今天的，这就要求我们必须用群众语言与群众沟通。学会群众语言，自然就会丢掉官腔官调。用群众语言，就能把显得"枯燥的理论"，讲成育人启智的"生动段子"；说地方话，就能把看似"虚幻的大道理"，讲成"鲜活的小故事"；带乡土音，就能把高高在上的"阳春白雪"，讲出充满人情味的"烟火气息"。

新话之新，唯在于真。讲新话归根结底是要讲真话。语境变了，话语必然要随之应变。墨守成规、抱残守缺，讲话撰文总是老调重弹，是思想观念落后于时代的印证，也必将导致行为落后于时代进程。只有具有强烈事业心和敢于担当的精神，才能做到以变应变。要从有利于事业发展和工作实际需要出发，坚持解放思想、实事求是，以对党和人民事业高度负责的态度，不断发现、归纳和提炼来自实践的新观点、新经验，旗帜鲜明地讲新话、讲真话，不断推动新的实践、新的探索。

**"十用"之九：用白话。** 大白话就是老百姓的惯用语言、通俗语言，也可称为群众语言。大白话具有鲜明的平民化、生活化、本土化特点。讲话撰文提倡用大白话，就是要学会运用群众语言，以朴实无华、群众耳熟能详的话语，拉近与群众的距离，传达相应的主张。与群众交流，如果说的都是"阳春白雪"，或者多是板起面孔说些官腔官调，就会显得与群众有隔膜，群众也会反感，不大会有人愿意听。不如"打开天窗说亮话"，直截了当，用群众的话去讲，不拿腔拿调、故作姿态。这样，讲话人轻轻松松，群众也听得明明白白。

大白话背后，蕴含的是对人民群众的感情。习近平总书记曾在《之江新语》中指出："有少数干部不会同群众说话，在群众面前处于失语状态。其实，语言的背后是感情、是思想、是知识、是素质。不会说话是表象，本质还是严重疏离群众，或是目中无人，对群众缺乏感情；或是身无才干，做工作缺乏底蕴；或是手脚不净、形象不好，在人前缺乏正气。"领导话语接地气，用的是群众自己的语言，会拉近与群众之间的距离，让人感到亲近、可信。如果领导讲话，说的尽是一些群众平常很少听得到的话、不大听得懂的话，甚至让人觉得是一些故弄玄虚的话，不仅讲话本身毫无意义，也体现出对群众的感情不真挚、与群众打交道的能力低下的问题。

大白话体现的是大智慧。比如，以大白话的形式呈现的民间谚语，代代相传，是中华民族文化精粹的沉淀，是人民群众丰富实践和高超智慧的结晶。这些看似零散、朴实的大白话，往往寓意深刻，感染力极强。

大白话同样能够阐述深刻的大道理。我们党的领导人非常擅长用质朴而简单的大白话来表达思想。比如，毛泽东"打得赢就打，打不赢就走"的游击战理念。邓小平"贫穷不是社会主义""不管黑猫白猫，捉到老鼠就是好猫"，通俗的话语，就让以经济建设为中心、坚持发展第一要务、不拘一格用人才的理念深入人心。习近平总书记用"国家好，民族好，大家才会好"，来阐明个人与国家和民族的关系；用"块头大不等于强，体重大不等于壮"，来阐明高质量发展。类似的话，习近平总书记还讲了很多，如"力量不在胳膊上，而在团结上""邻居出了问题，不能光想着扎好自家篱笆，而应该去帮一把"。可以这样认为，用大白话是"习式语言风格"的重要特点。

在网络时代，大白话被赋予了新的内涵和外延。大白话本质上属群众语言，网民这个最大的群体常用的网络用语，自然也应该是大白话的一部分。中国的网民有近十亿，走群众路线、与群众沟通，网民是绕不开、回避不了的。网民的绝对主力是年轻人。有这样一种说法，赢得网民，就是赢得年轻人；赢得年轻人，就是赢得新时代。习近平总书记曾经批评有些干部，"与新社会群众说话，说不上去""与青年学生说话，说不进去"。从某种程度上讲，这正是对活跃于网络上的这个最大社会群体的话语关注不够、研究不够、适应不够的体现。欲了解中国数亿网民，就得先了解他们的话语特点、读懂他们的话语，否则就会由于根本对不上话而处于失语的状态。在这方面，习近平总书记作出了示范。"蛮拼的""点赞""朋友圈"等网络热词，都被他用进了一年一度的新年贺词中。这表明，习近平总书记对新潮的常用网络用语不仅很熟悉，还常常信手拈来、熟练使用，这就是对网络语言的认可、与网民群体的相融。

**"十用"之十：用靓题。**写稿的人都知道这样一个道理："好题一半文"。意思是说，标题打磨好了，文章就成功了一半。这种说法尽管有夸张之嫌，但确实也道出了选择一个好标题对于一篇文稿的重要性。好的标题，彰显主题、精炼灵动，意蕴厚重、寓意深远，能将一篇佳作所需具备的要素基本呈现出来。写作实践表明，好文章必然配有足够"靓"的标题。好标题是文章的文眼，是画龙点睛的最佳着墨处。正因如此，构思出一个好标题，历来都是文稿写作者孜孜以求的目标。从这一意义上讲，可以去反感"标题党"，但并不妨碍在写作中"死抠标题"。

好标题，是文稿的主要吸睛点。俗话说："看书先看皮，读文先读题。"好的标题，第一眼就能抓住人，能够勾起读者继续往下探究、进行深入阅读的兴趣。标题没有吸引力，会使人一瞄而过，不做片刻停留，后面的内容再好也会被人无视。

从传播的需求看，影响公众的领导讲话、治理方案，总被希望能够传播得更为深远一些、受众面更广一些。要想吸引各种媒体加入，共同发力推动，标题就需做得更加引人入胜。无论什么媒体，无一例外，都更喜欢将文稿的主要观点不加修饰就直接用上去，从而不用太费脑子，就能获取一个好的报道。对于文稿写手来讲，选择一个好标题，也是做给媒体看的，是为着吸引媒体的。毕竟要有更好的传播效果，各种媒体仍然是最好的介质。

如何把标题做得更"靓"？很难有一个统一的标准。公认的好标题，有一些共性的特征。这里，结合《人民日报》评出的 2021 年度部分获奖好标题，进行一些分析。

好标题是能赚足眼球的。标题的一个重要功能，就是吸引更多关注的眼光。不能吸引更多人关注、赚不到眼球的，不能算是成功的标题。能吸引人的，主要是事物本身，但可以通过生花妙笔，使原本不太引人关注的吸引更多人关注，把原本就受到关注的放大关注度，这就是文字的力量。好标题本身就具有这一效能。在《人民日报》2021 年获奖好标题中，"火星你好，天问来访""近观月壤一克，遥测星河万年"获得了一等奖，"怎样给珠峰量'身高'"获得二等奖。这三件事都是年度受到万众瞩目的大事，报道这样的大事看起来容易，实则不简单，做好标题，更显匠心。"天问一号"登陆火星，事件重大，意义非凡。标题用亲切问候的方式，用通俗的语言，将原本深奥神秘的太空探测变得生动可感，更具趣味性。"近观"与"遥测"、"月壤"与"星河"、"一克"与"万年"，对仗精致，点出了月球样品研究的科学严谨，也突出了逐梦星空探索追求的深远意义。珠峰测量具有很高社会关注度，标题采用问句式，以"量'身高'"这样通俗易懂的大白话，回答大众关心的"硬核"科技问题，富有吸引力。

好标题是可以概览主题的。写论述性文章有一个重要的技巧，就是将最重要的观点作为标题，让人一看标题就知道文章的大意。总标题是全文的主题，分标题是各部分的主题，甚至每一段的第一句话就是这个段落的主题。这样布局，层次清晰，观点鲜明，很好理解和把握，阅读起来愉悦感比较强。在《人民日报》2021 年获奖好标题中，"算法不能变算计"获得一等奖。"算法"与"算计"，两词并用，尖锐对立，发人深省，体现了中消协对互联网平台大数据杀熟等行为的关注。标题不仅把文章内容概括得准确精到，而且旗帜鲜明地阐明中消协所持态度，简洁明快，吸引阅读兴趣。

好标题本身是具有金句特质的。对于什么是金句，并没有一个完整、准确的定义。能够称得上金句的，都是那些质量高、传播广、文字美的句子，是内容美与形式美高度统一的名言佳句。一些文章的好标题，就是公认的金句。比如"要拆围墙先去'心墙'""'散装美国'酿成抗疫失败苦果""'键对键'代替不了'面对面'""没有什么比梦想更值得坚持！""便民早餐暖胃又暖心""减费'红包'激活经济'细胞'"，等等。标题即是金句，有金句加持的文稿，无疑会更受青睐。

# 第八问

## 为领导服务与为人民服务如何高度统一？

文稿写作工作属于服务性工作，服务对象是领导、领导班子。文稿写手们经常会有这样的困惑，那就是为领导服务与为人民服务是一致的吗？怎么才能做到两者的高度统一呢？社会上也经常有人问同样的问题。

## 8.1 为谁服务始终是至关重要的根本性问题

就文稿写作工作性质而言，为谁服务是涉及为了谁和拥护什么、维护什么的政治性问题。就文稿写作工作者的个人操守而言，为谁服务是涉及信仰信念、价值追求、工作态度和责任心的重要问题。为谁服务的问题不搞清楚，就可能在政治上迷茫、在方向上迷失。

在为谁服务问题上，文稿写手之所以容易迷糊、迷茫，是由其工作形态造成的。文稿服务的对象是领导和领导班子，难免会沾上一些领导个人的意志和特点风格，这就使得文稿写手在是"服务领导工作"，还是"服务领导个人"上，分得不那么清楚了。现实中，有不少人会将长期从事文稿写作工作的同志与其主要服务的某个领导视为一体，这实际上是将"服务领导工作"等同于"服务领导个人"。领导的职责是决策，以推动发展、治理社会。服务领导就是服务人民、服务社会，这与什么人来担任这个领导职务是没有多大关联的。

从本质上看，为谁服务的问题，首先是立场问题。立场不同，价值取向也完全不同，决定了认识和处理问题的出发点、落脚点也就不同。为谁服务的问题，也是初心和使命问题。只有清醒地知道自己从哪里来、到哪里去，为谁工作、以什么样的态度工作，才能更好地履职尽责、实现文稿写作工作的价值。为谁服务的问题，还是党性和人民性问题。党性和人民性从来都是一致的、统一的，坚持党性就是坚持人民性，坚持了人民性也就是坚持了党性。

可以说，没有任何工作，能像文稿写作工作这样，真正把为领导服务与为人民服务高度统一在一起。

文稿写作工作的特殊地位、特殊性质、特殊要求，决定了必须把服务领导和服务人民高度统一起来。在理论上，服务领导和服务人民是完全一致的，并不存在认知上的障碍。但在实际工作中，完美地把两者统一起来，不仅是技术性问题，更是宗旨理念、初心使命、党性品德、感情情怀等多种因素的综合反映。具体到文稿写作工作，实际上体现的就是"笔杆子"掌握在谁的手中、为谁而写的根本性大问题。

党历来都重视这个问题，无论是在什么时期，党都把"笔杆子"当成强大而锐利的武器，牢牢抓在自己手中。毛泽东一直把"笔杆子"同"枪杆子"视为同等重要。即使是在烽火连天的战争年代，毛泽东也几乎没有亲自使用过"枪杆子"，但"笔杆子"却须臾不离手。他不仅亲自撰写往来电报、新闻稿件，还写过大量极其经典的理论文章，写出过大量既继承前人又超越前人的诗篇。毛泽东在中国革命的艰苦探索中，提出了如"党指挥枪"等诸多独创的建军思想，这是对中国革命实践理论升华的成果，也是"'笔杆子'指挥'枪杆子'"的成果。邓小平强调，"不懂得用'笔杆子'、不会拿'笔杆子'，这个领导就是很有缺陷的"。习近平总书记同样擅长运用"笔杆子"，把拿"笔杆子"作为重要的工作方法。他主政浙江5年，为"之江新语"专栏撰写了232篇短评。《摆脱贫困》《干在实处 走在前列》等重要著作，都是他运用"笔杆子"的杰作。

机关的文稿写手，也包括体制内的文稿写作工作者，是党委、政府的专业"笔杆子"，心系"江湖之远"，思驰"古今中外"，眼观"四海八荒",胸谋国家或者一城一地的发展,地位特殊、工作重要、作用很大。这些"笔杆子"的工作归结起来就是"三个服务"。

为党服务。这体现了文稿写作工作者的党性要求。"党政军民学,东西南北中,党是领导一切的。"任何时候都要解决好"笔杆子"必须"听党话""跟党走"的根本问题。这就要求必须做到在坚持党的绝对领导上理直气壮,在强化理论武装上理直气壮,在执行党的路线方针政策上理直气壮,在推进创造性贯彻落实党中央决策部署上理直气壮。也就是在坚决做到"两个维护"上理直气壮。

为领导服务。实质是为领导工作服务,体现了文稿写手的工作属性。高明的领导,对于文稿写作工作的地位和作用都是高看一眼的。为领导起草重要会议讲话,为党委、政府决策提供参谋意见,为制定中长期发展战略提供决策依据和政策建议等,都是为领导工作服务最核心的内容。文稿写手是为服务领导工作而存在的,长期在领导身边,既要明白自己的主责主业是什么,所有的工作、所有的服务,甚至个人爱好、主观偏好,都应该围绕主责主业来展开;也要明白"服务领导工作"与"服务领导个人"是本质不同的,不能将私人感情掺杂进去,与领导之间不是依附关系,必须保持独立人格。这是职业操守,也是党性要求。

为人民服务。这体现了文稿写手工作性质的人民性。身在其位,为人民发声、为人民谋利益,是一个文稿写作工作者的职责所系、现实要求和价值所在。这就须得站稳人民立场,贯彻群众路线,同人民想在一起、干在一起。坚决反对"四风",特别是要坚决清除形式主义、官僚主义在文风上的体现,在言语上始终保持同人民群众的高度关联。文稿写得好不好,要交给人民群众检验和评判。群众不认可的文稿,绝不是合格的文稿。这就要看运用的是不是群众喜闻乐见的方式，发出的是不是人民群众的心声，是不是真正帮助群众反映和解决实际问题。文稿写手多有类似的深刻体会，总是设法让所写的稿子先感动自己，然后才交出去，看能不能感动领导。如果自己确实受到了感动，才有可能去感动其他人。文稿写手有"把自己写感动"的动机和想法，体现的是强烈的责任心，是对领导工作负责、发人民群众心声。如果文稿能够写到这个份上，就不愁干不好工作。

"三个服务"的本质、内涵、根本要求完全一致，统于一体。离开党的领导将失去方向，离开为领导工作服务将无的放矢，离开人民群众的文稿都是一纸废言。

从根本上讲，服务领导就是服务人民。党与人民是血肉相连的命运共同体，党与人民群众水乳交融、荣辱与共，这是中国共产党从一个胜利走向另一个胜利的根本力量源泉。中国共产党从诞生那天起，就是一个以人民利益为根本、完全没有自己特殊利益的政党，就是把命运系于人民群众的党。正因为此，中国共产党始终把"人民"写在自己的旗帜上，把人民利益置于最高位置，与人民同甘苦、共命运、心连心，与人民天然就是"一家人"。领导干部与人民群众就应该是命运共同体。同时，领导干部本身就是人民群众中的一员，并没有特殊的身份和地位。从这个意义上讲，文稿写作工作为领导服务就是为人民服务，从事文稿写作工作的同志与其服务的领导之间，也是休戚与共的命运共同体。

这个共同体，主要体现在三层关系上。一是同志关系。虽然文稿写作工作者与所服务的领导岗位不同、分工不同、权责不同，但有一个身份相同，都是服务人民的公仆，价值取向一致，都是为着更好地造福于人民而工作的。二是工作关系。文稿写作工作者是领导脑、眼、耳、手、脚的延伸，帮助领导从烦琐的细分工作中解脱出来，集中精力谋划事关长远发展的重大问题。因此，文稿写作工作本身就是领导工作延伸出来的一部分，与领导工作就是一个整体。三是服务与被服务关系。这是最直接的关系。文稿直接服务于领导工作，文稿写作岗位是写手们的第一阵地。拿出让领导满意的高质量文稿，是文稿写手们的第一要务、第一追求。对于文稿写手而言，任何时候第一阵地都不能丢、第一要务都不能松、第一标准都不能降。

## 8.2 为领导服务根本上是为人民服务，对领导负责根本上是对人民负责

领导工作的政治属性首先体现在为人民服务上。民心是最大的政治，领导工作只有奠立在为人民服务这个根基上，领导才能赢得民心、赢得最广大人民群众的支持和拥护。

1972 年美国总统尼克松访华，在与毛泽东主席会见时饶有兴趣地发问："主席先生，您有什么特长？"毛主席笑着说："为人民服务，这就是我的特长。"毛主席的回答既风趣幽默，又深刻阐释了中国共产党的根本宗旨。领导干部最根本的本领，是为人民服务的本领。

在习近平总书记出访意大利期间，"70 后"意大利众议长菲科发问道："您当选中国国家主席的时候，是一种什么样的心情？"习近平总书记回答："我将无我，不负人民。"这一铿锵有力、振聋发聩的回答，也是向世界重申中国共产党所做的一切，都是为了为人民谋取幸福的。

无论什么岗位上的领导干部，职能职责都要求其具备主政一方的远见卓识、真挚情怀和务实作风。越是身在高位的领导干部，越要按照政

治家的标准来要求自己，心中始终装着人民、全力以赴服务人民。服务这样的领导，就是为人民服务，这是重大责任，也是重大机遇，更是莫大荣幸，必须全心全意、全力以赴。

服务好领导，就是为了让领导更好地服务人民。领导的工作就是服务人民，服务好领导，领导就能为人民做更多的好事实事，就能更好地服务人民。这其中，服务人民是目的和归宿，服务领导是过程和方式。如果认识不到这一点，就根本做不好文稿写作工作。假如文稿写作工作者给领导传达的是错误的信息、给出的是错误的观点、提供的是错误的建议，很可能引导产生一个或多个错误决策出笼。决策错误不同于一般错误，影响的是芸芸众生，受损的将不仅仅是某些个体，更有可能是某些社会群体，这比损害个体利益带来的震动要大得多。资政启民、辅助决策是大学问、真学问。文稿写手作为领导的外脑，这是必须具备的基本功。在践行以人民为中心的发展思想中，为领导提供高质量的决策服务，才能更好体现为人民服务的根本宗旨。

文稿写作工作者通过服务领导，使自己服务人民的价值得到更充分实现。对领导服务越到位，领导服务人民就越有效。服务领导，无疑是文稿写作工作者服务人民的最有效手段。比如前些年的精准扶贫工作，单凭政研室、研究室这样的文稿工作单位一己之力，尽管可以为某一贫困村提供一些有效服务，但总体而言，力量仍然是非常有限的。如果借助书记、省长或市长这些重要职务的放大作用，就可以服务更大范围、更大规模的贫困人口。而实现这个放大作用的，是手中的笔，是服务领导的文稿。这是在领导身边工作的优势。

## 8.3 把为领导服务与为人民服务贯通一致

在为领导服务和为人民服务的问题上，"智商"的最高境界是殚精竭虑，"情商"的最高境界是大道无术，任何华丽的技巧都不如忠诚和奉献来得实在。

绝对忠诚。天下至德，莫大于忠。一个不忠不义的人，失去的不仅仅是朋友，而是人生事业乃至整个世界。绝对忠诚的要害在"绝对"两个字，就是指唯一的、彻底的、无条件的、不掺任何杂质的、没有任何水分的忠诚。曾子说过"吾日三省吾身"，反省的第一条就是"为人谋而不忠乎"。作为领导的助手、参谋和智囊而存在的文稿写手，要把绝对忠诚作为最根本的政治品质、第一人格品德，把对党忠诚、为党分忧、为党尽职、为民造福作为根本政治担当，把说老实话、办老实事、做老实人作为基本做人准则，对领导坦诚、对群众赤诚、对同志真诚，永葆忠贞坚定的政治本色。

极端负责。这既是职责要求，也是职业操守。在很多人看来，出自文稿写作工作者之手的文稿质量水平，直接反映和代表着被服务的领导水平，也反映和代表着党委、政府的工作水平。这就更需要文稿写作工作者们有高度负责的精神。既然选择了做一个文稿写手，在职一天，就时常要有"文债在身，食不甘味，寝不安席"的感觉。在责任面前，要有强烈的压迫感、危机感和使命感。

甘于奉献。文稿写作工作，本身就是一个磨碎筋骨、耗神费力的差事。选择了文稿写作工作，尤其是选择了在党委政研室、政府研究室这些专门起草文稿的部门工作，在某种程度上就是选择了奉献。"工作没日没夜，吃饭没饥没饱，任务没完没了"是平常状态。这些部门的辛苦程度，永远都是排在体制内所有部门中头部位置的。奉献精神是文稿写作工作者的鲜明特质。笔者曾经对所属一个主要业务处室进行粗略统计，全处平均每人全年工作超过 3800 小时，平均每天工作超过 10 小时，折合工作日 470 天，超出正常工作量的 2 倍。许多长期在文稿写作岗位坚守的老同志，默默无闻，一干就是几十年，干了一辈子，也奉献了一辈子。做一个文稿写手，就要有长期吃苦、不怕吃亏的心理准备。真正的文稿写手，在精神层面的追求是至高无限的。想要真正配得上"奉献"和"无名"，须得培养起"无我""忘我"的境界。

# 附　录
## 文稿起草八问

注：这是那篇所谓的网红文章，即《文稿起草八问》，是根据2014年笔者在湖北省政府系统研究室干部培训班上的授课内容整理编写的。作为附录收录本书时，尽可能保留了原样。但为了体现正式出版的规范和严谨，对一些方面进行了必要的修改完善。

很高兴和大家交流文稿起草方面的问题。文稿写作工作非常重要，重要之处在于我们服务的对象是领导。领导，就是引领、向导，他们需要以文采引导公众，以口才施展魅力。组织动员、发动群众、凝聚人心，这些都是领导的职责，而"写"与"说"就是他们履行职责的利器。

正所谓"震天下者必震之于声，导人心者必导之于言"，亚伯拉罕·林肯、温斯顿·丘吉尔等世界知名的政治家，无一例外都有着出众的演说口才。美国前总统克林顿曾说："口才就是领导力。"曹丕在《典论·论文》中阐述道："盖文章，经国之大业，不朽之盛事。"可以说，我们干的起草文稿这个活，是一个神圣的工作。

也就是这次培训，要求我来讲一讲文稿起草工作，才触动我思考文稿之重要到底重要在哪里、文稿之难到底难在何处等这些现实而又具体的问题。这里，我初步归纳了文稿起草的八个问题，与大家探讨。

### 第一问：文稿写作工作为什么这么难？

大家都说，做文稿写作工作的不是一般人："一般人不愿干，一般人干不了，干的人不一般。"为什么这样说呢？

我想，还是由这项工作所具有的挑战性、艰巨性和对从业人员素质要求高决定的。简单归纳一下，我认为有这样几大难。

第一难是"三个维度"之难：思想的高度、思考的深度、思维的限度。研究室的干部，无论是主任，还是处长、科员，都是"身在兵位，胸谋帅事"。

从高度而言，首先要将自己置于省长、副省长的位置思事、谋事，还要用文字表达出来。哪怕你只是一个刚出校门就进机关门的年轻同志，只要你一动笔起草领导需要的文稿，从工作要求和标准上讲，你就是省长、副省长，或者是其他省领导。

省长、副省长等省政府领导的观点、思路，是对省委、省政府决策部署的贯彻落实，省委、省政府的决策部署必然是要与党中央保持高度一致的。这就使得，即使是一个初出茅庐的写稿"菜鸟"，也不可在思想上、政治上、行动上降低半点要求，要直接达到至高的标准。对于我们一个普通公务员而言，这是很难企及的目标。

从思考的角度看，我们不是专攻某一领域的专家、学者。研究室的干部接触面广泛、懂得较多，这是优势，但同时也是劣势。我们可能对很多方面、很多领域都有所了解，但研究和思考一般很难达到一定的深度。很多时候对一些方面和领域的知识，好像都懂、都了解，但真正运用起来却感到认识得都不深不透，"吃的是一锅夹生饭"。加上平时文稿写作工作量大，长期疲劳作战，疲于应付工作，很难有点空闲时间坐下来，从容地学习一些新知识、获取一些新信息，对某些问题进行比较深入的思考更是显得不足。因此，也很难提出有深度的、有创新性的观点。

从思维的限度讲，身在其位，方谋其政。"屁股指挥脑袋"、位置决定观点，思维的局限性就是这样产生的。这种状况，是一种客观存在，很难避免、很难克服、很难改善。

第二难是"三个不同"之难：不同领导、不同风格、不同要求。我们服务的是整个政府领导班子，面对的是多个不同的班子成员，这些人都不是普通的服务对象。他们的位置让人仰视，取得的成绩令人景仰；各个服务对象还都具有鲜明的个性特点、个人风格和个性化要求，都是负有不同使命、承担不同重大工作职责的重要领导干部。

这些服务对象相同的地方，是都有着很高的水平，无论是理论水平，还是实际工作经验，都极为丰富，对文稿的要求标准也很高。所不同的是风格、特点，每个人都有鲜明的个性特征。为多个领导服务，好比在多个鸡蛋上跳舞，难度可想而知。

针对不同的领导，在文稿服务上要能够自如地转换频道、转换方式，说不难是假话。比如说，某省省长和某省副省长，除了职务、分工不同外，风格也是很不相同的。为这两个领导服务，基本路数就不同。

第三难是"三个身份"之难：领导、学者、实际操作者。这是一个合格的政研工作者需要同时扮演的三个角色。扮演多重角色，得有非常好的演技才行。研究室的工作性质，就是"关起门来当领导"。只要是起草为领导服务的文稿，起草者就是领导的扮演者，一字一句，说的都是领导的话语、表达的都是领导的意图。文稿起草者以普通的个人身份去等同于领导的身份、扮演领导的角色，时时处处都要"跳起来摘桃子"，要跳得高、够得着，才能履行好职责。

做研究，尤其是带有学术性质的研究，在过去是专家、学者的专长。从工作性质上讲，研究室的核心竞争力应该是"研究"，这就使得研究室的工作具有专家、学者工作的某些属性。必须看到，研究能力决定文稿写作能力，没有认真的研究就没有好的文稿，没有深入的研究也不可能写出精品文稿。

由于研究室的工作职责要求，一个合格的文稿写手，不仅需要具有一两个方面的专长，更需要具有多方面的写作技能，是专才，也应该是通才。高水平的文稿写手，必然是一专多能的，"十八般兵器"样样都会，还要有独到的"杀手锏"。要做到这一点当然是很不容易的。

从某种程度上讲，政研工作者同时也是实际操作者，所写的讲话稿、各种文稿，发的都是党委、政府的声音，展现的是领导的意志。所有这些，都是要付诸实施的，不能空对空、放空炮，要接地气、合实际、可操作，落地落实，产生实效。这就要求，作为一名政研干部，不仅要长于文字表达，还要对实际工作有相当深入的了解。这样写出来的东西才不空，才管用。

比学者更了解具体领导工作实际，比一般官员更具有政策理论水平，善于在理论与实际结合上做文章，这是政研干部需要具备的综合优势。更难得的是，这些综合优势，最终都是要通过文稿形式体现出来的。这就彰显了文稿写作工作者的优长。而要具备这种综合优势，确非一日之功，要靠多学、多练、多反思，还要靠悟。悟者，觉也。《后汉书》中讲："未悟见出，意不自得。"就是强调要提高对事物的理解能力、分析能力和问题破解能力。政研干部的工作水平高低差异，虽然往往体现在文稿写作上，但实质是思维能力、分析能力、理解能力和解决问题能力的差异。

### 第二问：为什么把握文稿规律比掌握写作技巧更重要？

"文无定式""水无常形"。期望通过掌握一些所谓写作技巧来提高文稿写作能力，是不现实的，文稿写作根本就没有什么"秘籍"和"绝招"可言。对于文稿起草的方法和技巧，我一直没有怎么留意，更没有花精力去研究，因为我根本就不相信这些"招数"。既然文稿写作没有"定式"，也无"常形"，所以那些所谓的方法和技巧也是信不过、靠不住、用不上的。一个模本写到底、一个套路贯全程，这恰恰是目前"官话语系"中的一大通病。如果把这早该丢弃的招法当宝贝拾起来，不仅无助于写作能力的提升，反而可能会有碍进步。

以前看武打小说，发现武功高手有一些共同点：90％以上的精力都花在练习内功上，练习套路充其量也就只花了不到10％的精力。这就应了"功到自然成"这句经典。习文与习武同理，重在修炼内功。内功练成，套路自成；内功精进，技法精当。

这些年来，研究室比较注重强调研究文稿规律，通过掌握规律来提高文稿写作能力。我个人认为，这是非常重要，也十分必要的。日常工作中，大家普遍感到文稿写作工作不易，感慨服务领导艰辛，感受到文稿写作这个饭碗端起来沉重。到底有没有能让人感觉舒适一些的工作办法呢？掌握规律，可以让人变得聪明，让工作变得轻松，让身心变得轻灵，使工作效率成倍提升。

文稿起草的规律究竟是什么？这是很难在片刻之间讲清楚的。研究室的文稿写作工作是很特殊的，这方面的研究者很少。它不属于一般性的公文写作，也不属于我们现在传统归类的文化艺术，外面的人没兴趣关注，大学里根本不会开设这门课。但有一个不争的事实，那就是任何党政机关不管职能如何转变，都必须办文办事。这就使得不管有没有人关注和研究，文稿写作始终是机关离不开的重要工作。

在机关工作，必须清醒地认识到，文稿写作是机关干部的立身之本、看家本领。研究室的干部可以算是机关的"职业撰稿人"，以起草文稿为生存"第一依据"，文稿能力更是"第一能力"。可惜的是现在要学习这项技能却基本上是"求学无门"，也没什么人去专门研究。可以说，目前机关里的文稿能手都是后天磨炼出来的。

研究室承担的文稿，是公文，但不是一般性的公文，政治性、政策性、理论性、操作性很强；是官样文章，但不能带着"官气"、让人生畏，要求上接"天线"、下接"地气"，具有宏观视角、大局眼光，有高度、有深度，又要切合实际；起点要高，但落脚要实，要让老百姓听得懂、听得进、愿意听；不讲空理论、大道理，但绝对不缺少理论厚度，并与具体实际保持着紧密联系；专家、学者看了不觉得浅陋，普通百姓看了不觉得深奥，基层干部看了觉得可操作实施。

习近平在浙江省委书记任上时，曾经批评了这些现象：一些领导干部，"与新社会群体说话，说不上去；与困难群众说话，说不下去；与青年学生说话，说不进去；与老同志说话，给顶了回去"。很多场合，有些领导干部就是处于这样一种失语状态，"怎么能使群众信服呢"。

面对能够提供丰富话语源泉的改革发展火热实践和社会的巨大进步，为什么有些人反而失语了呢？这里面就包含了对语言表达规律的把握问题。时代在变，话语也要随之而变，体现在文稿上，就是不能总是陈词滥调，必须要有反映时代变迁的潮词新语。因此，想撰写出优质文稿，要持续修习理论、政策，全面掌握国情、省情，透悟时代要求和领导风格，及时因应语境变化的特征，在文稿起草中作出符合工作要求的应对和调整。这相当于习武之人的内功，是文稿写作规律应该包含的基本内涵。

### 第三问：文稿原创能力为什么最为短缺？

很多时候，我们谈论中国的自主创新能力不足，最主要是指原始创新能力不足。具体到文稿起草来讲，我们中的许多人模仿能力是有的，依葫芦画瓢尚能像模像样，但一旦需要自我创新、独立完成一个文稿，就显得能力不足。有的人在文稿写作岗位上工作了多年，甚至还无法独立承担起相应的工作任务。

文稿起草是一种高层次的创造性脑力劳动，原创是最难的，也是最为可贵的。原创能力是我们实际工作中最为需要但又最紧缺的。我经常讲，最应该尊重的是写初稿的人！从某种意义上讲，只要不是完全照抄照搬的初稿，其中总会有一些起草者个人的原创性观点，从而为后续修改完善打下一定的基础。这就是贡献，就值得尊重。

可以这样认为，原创人才是目前研究室最为稀缺的人才，原创能力不足是目前研究室能力素质的最大短板，大力提高原创能力是目前研究室能力建设最主要的任务。

为什么这样讲呢？因为这是我在日常文稿写作工作中观察和实际感受到的。从具体文稿运作的实践过程看，目前研究室要力避"三个过度依赖"：过度依赖部门的代拟稿、过度依赖领导的直接提示、过度依赖审核人的最后把关。

关于过度依赖部门的代拟稿问题。通过多年的文稿写作工作切身体验，我们应该能够感受到，开某个专题会时，职能部门最不重视的可能就是为省领导代拟讲话稿。这么说绝没有贬低职能部门的意思，只是陈述一个基本事实。

首先，专题会一个年度或多年才召开一次，职能部门最关心的是省委、省政府能够为他们解决什么具体实际问题，文稿起草可能本来就没有被列为会议最为重要的工作事项。

其次，在文稿起草中，职能部门最重视的是自己的主官即厅局长的讲话稿起草，而省领导的讲话稿一般不会被列为"头号文稿"去对待和重视。因为他们知道，省领导的讲话稿有研究室把关，自己不管如何卖力去写，也很难达到研究室的水平和要求，也就不必太过费心地去操持了。有研究室在后面撑着，没有什么不放心的。

很多时候，如果把职能部门拟的文稿拿来一对比，会发现厅局长的讲话稿甚至比省长的要写得实、写得好。相反，省长要用的稿子既没有高度，也不具体，更谈不上生动。因为他们把主要精力、主要力量用在了为自己的厅局长写稿上，至于省长的稿子，研究室总是会搞定的，马虎应付一下就行了。

这种情况可以说比比皆是，碰到太多，见怪不怪。部门的代拟稿充其量只是提供一些素材，有时候甚至连有用的素材也不多，可利用的价值非常有限。有的职能部门年年要开类似的会议，当年抄上年的、地方抄中央的、甲地抄乙地的，稍不注意就会出大的纰漏。出现这样的问题，也没必要去怪人家，试图让部门的工作人员站在全省大局研究工作、站在省领导的角度起草文稿，确实勉为其难。况且，很多时候会议定得仓促，文稿要得太急，这还是给人家额外加的任务，难怪人家会简单应付一下了之。

过分依赖部门，既耽误时间，又难出高质量的产品。求人不如靠己，主动权必须时时掌握在自己手里。这一点，对于文稿起草者来说什么时候都是至为重要的。

关于过度依赖领导的直接提示问题。不管在什么时候、什么状态下，有了文稿起草任务，起草人总希望领导多给一些明确的提示，这样能在起草过程中少走些弯路。但问题是很多时候领导确实太忙，没有时间、没有精力专门坐下来谈文稿。还应该看到的是，领导管着太多的事，涉及太多领域和专业，跨度很大。领导能力再强也不是万能的，不可能对所有领导领域范围内的事都有深入思考、深入研究，更不可能对所有领导事务涉及的方方面面都已经有成熟的意见和观点。这也是需要建立相对专业的文稿起草班子的重要因素。

任何领导行为都需要借助外脑才能有效实施，这就是我们研究室存在的理由。研究室就是领导脑的延伸、眼的延伸、耳的延伸、手的延伸、腿的延伸，要为领导出主意、当参谋，从而为领导装上"千里眼""顺风耳"。履行好这一职能，不是仅仅按照领导的明确意图和直接提示完成几个文稿就行了的，这就将文稿写作工作过于简单化了，也是对政研工作的矮化。文稿写作工作者除了能够按照领导意图完成工作任务外，还必须善于独立思考、独立运作、独立完成，大胆运用创新的方法，大胆提出自己研究得出的观点，提供更多有价值的高质量文稿产品。当自己的构想符合领导意愿，自己的观点被领导采纳，这就是成果的转化运用，也是文稿写作工作者的价值实现。

关于过度依赖审核人的最后把关问题。我作为独立承担一个模块文稿起草领导责任的模组长，讲这个话题也是想让自己的工作更加轻松一些。把关不是包办，不能期望时时、事事都有模组长兜底。我所理解的把关，主要是把好这几个关。

把政治关。研究室产出的文稿是政治性、政策性很强的文稿，不能出政治性、方向性问题。这方面出错就是根本性错误，会带来不可预估的后果和影响。不出政治性错误，这是文稿写作工作的基本底线，必须牢牢守住。

把观点关。一个文稿要阐述哪些基本观点，观点能否站得住、立起来，决定文稿能否站得住、立起来。观点好，文稿质量才会好。

把布局关。即文稿结构是否科学，布局是否合理，逻辑是否严密，阐述是否全面，用语是否精准，等等。好文稿一定既要内容好，还要形式美。

把特色关。针对不同领导的风格、特点，突出其个性特征。在不同场合，针对不同对象，要讲有针对性的话。特色是文稿的标签，有特色，才有辨识度。

作为文稿起草人，如果交上去的稿子被把关人推翻了基本框架，甚至还被逐字逐句改文字、标点，就应该反思一下，自己在起草过程中是不是在某些方面花功夫不够，甚至还要反思自己的工作态度是不是存在问题。

我并不喜欢改文字，到研究室这个专门写稿子的单位工作，如果连基本的文字关都还没有过，那只能证明这个人至少目前还不具备在研究室工作的基本能力。我历来主张层层把关、各负其责，多设几道防线。一般性的稿子，处长把关就可以了，审核人不必再花时间重复前面的工作过程。因为既没有这个精力，也没有必要，很多时候审核人已经没有时间来重复这些过程了。

我想真诚地说，亲力亲为的领导可能并不是称职的好领导，研究室没有任何一个领导喜欢亲力亲为。大家想一想啊，除了付出精力、体力，亲力亲为能带来什么收益啊？这么干只会催人加速衰老呢。我是真想当"甩手掌柜"的！

初稿起草人负起责任、处长负起责任，层层负责、层层把控，工作质量和效率肯定会提高，也有利于加快干部成长，促使干部在真刀真枪的实战中尽快走向成熟。干部就是干事的，干事就有机会，多干事就有更多的机会，不干事什么机会都没有。

## 第四问：文稿思路为什么与领导想法契合度不高？

文稿起草人不是领导，却要与领导的思维同步、与领导的思想同频、与领导的意志共振。不同的脑袋尚且难以做到同步、同频、共振，更何况要与领导在思维、思想和意志等方方面面保持高度契合。这不是那么容易做得到的，其难度是可想而知的。

回顾我们这个模组过去一年的文稿起草工作，在思路上与领导不合拍的现象是有的。有时花了不小功夫写出来的稿子，却与领导想要的契合度不高。有些工作方法上的教训值得深刻反思并牢记，主要有这样几个方面。

欲实却务虚。去年某省省长曾连续到武钢、东汽、武烟等骨干国有企业调研和办公，这种正式场合是必须准备好稿子的。开始我们准备的文稿从企业如何具体搞好的角度讲得多一点，但实际上某省省长主要讲的是这些大型国有企业对湖北的贡献和在总体发展战略中的地位、作用，着重强调省委、省政府如何服务好其发展，最后还对企业反映的具体问题——作了回应。

很显然，我们准备的文稿在思路上与领导的实际需求出现了错位。为什么会出现思路错位呢？主要是因为在起草文稿时没有找准领导的定位。如何经营好企业、把企业搞好，是市场主体自己的事，政府领导在企业谈经营并不符合其身份，也不如企业经营管理者自己谈得到位。而充分肯定央企和大型国企对地方经济社会发展的巨大贡献，为其服务好、着力帮助其解决好发展中的突出困难和问题，才是政府应该做的。这才是调研的目的，也让企业感受到温暖。

多讲一些暖心的话，看起来是在务虚，实际上非常实在。加上省委、省政府又实实在在解决了许多企业发展中的具体问题，让企业感到与地方融为了一体，地方没有把他们当外人。

还有，某省省长在给发改、财政、统计部门讲话时，都没有把谈具体的业务工作作为重点，而是从战略和全局的高度讲得多，灌输的是理念、方法、路径，强调的是工作标准和要求，而不是某些具体工作如何去做。这一点如果拿捏不准，会导致省长的稿子被厅局长的稿子比下去的尴尬局面。因为谈部门具体的业务工作，既不符合领导的身份，也肯定不如厅局长们谈得到位。政府的稿子要实，但不能出现在不应该实的地方。省长如果说的是厅局长的话，实际上是喧宾夺主、自降标准。

欲虚却为实。去年（指 2013 年）7 月，习近平总书记在考察湖北时，首次阐述了全面深化改革要正确处理好五个重大关系，并要求努力把湖北建设成中部地区崛起重要战略支点，争取在转变经济发展方式上走在全国前列。

这次考察，无论对于湖北，还是对于全国，都具有划时代的意义。在省委常委开会研究学习贯彻习近平总书记考察湖北重要讲话精神时，要求某省省长着重就改革与民生问题谈如何贯彻落实。

我们当时将其理解为阐述改革与民生的关系、用改革创新的思路保障和改善民生。按这个思路起草的稿子结果很不对路，过多地论证了二者关系，讲道理多，讲实际少。某省省长认为要讲如何改革、如何保障和改善民生，把总书记的要求体现在如何抓落实上。

我后来反思这个问题，真正感到领导确实比我们高明很多。习近平总书记来考察，看什么、讲什么、强调什么、要求什么，都是精心策划、指向明确的，基本道理都已经讲得很清楚了，我们的任务就是完整准确全面领会、一丝不苟贯彻落实，这就要求我们拿出具体办法和措施。在学习贯彻会上还在空对空讲大道理，那不是作风不实吗？

当时也考虑过写具体办法和措施，但总书记刚考察完，有关方面没有具体研究，哪里有那么具体的措施？实际上这就是平时的功课做得不够扎实的体现，而且对具体措施的理解也是有偏差的。这个时候作为领导谈贯彻措施并不完全是指职能部门制定的具体几条措施，而应该是对贯彻的认识、思路和总体安排，明确在哪些方面必须拿出"干货"。既不能说了部门的话，也不能空对空只说一通虚话。

严格地讲，这种类似的情况还算不上超前性的工作。事实上，很多带有超前性的工作，职能部门并没有进行深入细致的研究，对有些工作谋划考虑还不尽成熟，但需要我们写材料，这种情况实在是太多了。面对这种情况该如何应对呢？研究室是必须承担起这个任务的，因为在大家心目中，研究室平时就应该关注、研究这些问题，在任何情况下都应该能够经受住这种考验。碰到这种事也没有办法回避，怎么也得把文稿写出来。这种事过去时常遇到，今后必然也不会少。

欲繁却归于简。上周，某省省长被要求给省委某部门的培训班授课，主题是关于全面深化改革。我们开始准备的文稿思路是全面阐述深化改革问题，因为这种授课面对的是特殊对象，担心讲得不全面、不系统，并且培训主题也是这样要求的。

结果，某省省长认为这样讲过于宽泛、笼统，重点不突出。于是我们重新研究文稿思路、框架和主要观点，以讲经济体制改革的牵引作用为切入点，阐述全面深化改革这个主题。这样既把握了重点，又照顾了全面，有高度也有实度。领导对文稿比较满意，讲课的效果也很好。

现在的领导政策理论水平都很高，领导工作经验也极其丰富。为了提高文稿服务质量，有时候我们难免把问题想得足够复杂，结果往往不一定对路，甚至离目标越来越远。绕了一大个圈子，最后发现最简洁的方式往往是最好的方式。所谓"大道至简""无招胜有招"，可能就是这种境界。

### 第五问：文稿资源为什么总是该到用时方恨少？

"书到用时方恨少"，是说平时读书不多、积累不够，用的时候才意识到知识匮乏，才懂得平时花的功夫不够。写稿子的人对这种感觉的体验应该更为深刻。而且在实际工作中，我们日益感到与领导在信息、知识储备上不对称所带来的压力。

很多时候，我们会发现，领导知道的而我们一无所知；领导和我们都知道的，领导了解的比我们深刻得多。信息严重不对称，知识储备差距过大，领导知道的比我们多得多，还怎么为领导服务？自己有一桶水，才能舀出一碗水；自己只有一碗水，连半碗水也舀不出来。

除了信息不对称、知识积累时感不足外，我们还时常发现：提炼观点相当难。以自身的那一点知识储备，不足以支撑提出有价值的观点。这种情况的造成，除了知识储备底子薄弱外，还有就是没有养成良好的资料积累习惯。起草文稿要用时，才发现没有积累多少可供参考的资料，只能到处要材料，病急乱投医。

在研究室工作，提不出观点，反映的是综合能力和素质的不足。不管写什么文稿，为什么有的同志总能提出自己的独到见解？这实际上反映的是他较高的政策水平、理论水平、思维水平。有了观点，却找不到素材支撑，这样的观点再好也是站不住脚的。凭空塑造出来的观点，恐怕连自己都说服不了，更不要指望能够说服别人。

提高思维能力需要长期训练，丰富文稿素材需要长期积累。起草文稿时常需要用到的思想、观点、素材、精彩语言和经典案例，宁可备而不用，也不要用而不备。

某处多年形成的"五库一集"是个好办法。"五库一集"指的是思想、观点、数据、案例、金句这"五库"和例文集，值得推广。

打基础的工作花再多精力都不为过，总会在不经意间带来丰厚的回报。这方面，要做好"三种人"。

做有心人。季节更替，去留无意，许多美丽的瞬间在不经意间就流逝了。世间并不缺少美，只是缺少一双发现美的眼睛。只要注意观察、处处留心，就会有所发现、有所收获。

做勤快人。信息和知识更新速度越来越快，积累贵在坚持。现实中，我们时常发现，两个基础差不多的人，最后发展的差别却很大，可能是由很多因素导致的，其中在工作积累上能不能做到持之以恒恐怕是重要原因。也有人讲："人最大的软肋是不能坚持。"微信上有个"鸡汤"段子："成功的道路并不拥挤，因为能够坚持的人不多。"勤快人总是在忙碌，总有干不完的事，因为勤快人就是那些一直在坚持的人。命运不会亏欠勤快人，因为坚持总会有回报。

做细心人。文稿写作工作是精细活，没有绣花的功夫是干不好的。

对于所需的素材，平时就要注意分类整理，仔细挑选，选出有价值的资料。不能捡到篮子里的都是菜。既要有量，也要有质，用的时候还能"精准制导"。做文稿写作工作的，养成细心的习惯非常重要，可以避免许多差错。因为我们这个工作实在是错不得，也错不起。有时候即使只是出了一个小差错，也可能带来无法承担的严重后果。

### 第六问：哪些文稿必须引起高度重视？

有人肯定会说："这还用问？政府工作报告、重要会议讲话应该受到高度重视。"这话说得没错，但还远远不够。政府工作报告、重要会议讲话是必须写好的，重大决策、治理一方的重大举措，都是要借助会议这个平台发布出去的。因此，做好这些工作在领导心目中是研究室必须履行好的职责，属于分内事，这也是研究室作为独立机构存在的基本依据。现代领导工作的范围是不断拓展的，治理的复杂程度是在不断提升的。那么，为领导服务的文稿规模、质量也必然随之扩大和提升。除了领导讲话稿外，还有哪些文稿是领导相当看重，而又让我们感到很难写的呢？

现代领导工作具有高度的综合性、复杂性、艰巨性，领导个人角色也具有多元化的特征。这对文稿起草来说是多重严峻挑战，必须引起高度重视。

领导个人经常参加各种学习班、研讨班，讲课，进行重大活动主题演讲、重大场合答记者问，等等。参与这些方面的工作，领导代表的是省委、省政府集体，同时这也是领导个人展现风采和魅力的机会，所有领导无一例外都会十分重视这样的文稿。参与这样的文稿写作工作，是非常好的锻炼机会，能够全方位感受领导工作，见证大场面、受到大历练。

领导重视而我们却不够重视，甚至无动于衷，显然就会十分被动。从我个人的感受看，领导对这类文稿的重视程度，往往远远超过对一般性的讲话稿。因此，我们要重视这类文稿、研究这类文稿、熟悉这类文稿、写好这类文稿，这也是必需的。

必须郑重地讲,满足于只会写某些单一方面文稿的时代已经过去了。那是"单打一"的技能，"单打一"怎么应对得了复杂的工作局面呢？每个人都要正视这一现实，适应这一现实。

我们有很多同志对某些方面文稿的起草很有心得，是有造诣的，写出过不少好的稿子。但也要清醒地看到，现在能够熟练掌握多种文体稿件起草方法的人不算多；能够独当一面，胜任多方面文稿起草任务、较好地完成多种文体稿件起草的人就更少了。

问题就是需求，需求就是机遇。看到问题，就要努力去抓住机遇、解决问题。希望我们的同志，特别是年轻同志能具有这个问题意识，下决心去解决这个问题，奋力去抓住这个机遇。过去讲"到祖国最需要的地方去"，希望更多的年轻同志有意识地向研究室文稿写作工作最需要的方面去努力，争当文稿写作骨干，成为顶梁柱。

研究室是很需要能够遂行多种文体任务的多面手的。能够成长为多面手的写手，必然是承担最重要文稿写作工作的主攻手。对多面手的要求，就是能力全面，特长突出，没有明显短板弱项，能够胜任大多数文稿写作工作。该应急时是锐利的快枪快刀，需要踱方步时能出思想、出观点、出主意、出精品文稿。

## 第七问：为什么要把文稿写得短一些？

写短文是中央八项规定的要求。文稿要"短、实、新"，要讲短话、发短文、少开会、开短会。对此，省委前年（指 2012 年）就发了文件。

为什么要写短文？这是因为长文不受欢迎。"文章越长，看的人越少。"对开会和发文而言，文稿写得短，话就可能会讲得短，文件可能就发得短。文稿写"短"，就更能突出"实"和"新"。

古人说："文约而事丰。"文章长、讲话长，并不能证明其所写和所说有多么重要，更不能表明这里面包含的内涵是多么丰富，往往是"话越少，事越大"。老子曾说："大道至简。"显然，深刻不等于深奥，精辟须避开烦琐，厚重往往寓于简约之中。

简约是能力。恩格斯在马克思墓前的讲话，仅用1200多字，就阐明了马克思最伟大的两大发现——唯物史观和剩余价值学说。

毛泽东在纪念张思德的演说中，仅用700余字，就阐明了我党的根本宗旨——为人民服务。他为人民英雄纪念碑起草的碑文，只有150个字，却历数了中华民族几千年来不屈奋斗的历程。

有的文章、讲话，洋洋洒洒，长篇累牍，却不知方向在哪、重点在哪、抓手在哪，指向不清、要害不显，讲得越多越是叫人感到无所适从，满篇只见"正确的废话"，不见真话、实话，更鲜有管用的话。这反映出的是创作者思想的贫瘠、知识的匮乏、思维的混乱和方法的无力。

简约是作风。用最简洁的语言表达最丰富的内容，言简意赅应该成为官方话语的显著特色。在这个"发展是第一要务""效率就是生命"的时代，一个追求真实政绩的领导，没有时间看长文、讲长话；一个追求美好生活的公民，没有时间读冗长的文章、听无用的絮叨。写长文、讲长话实在是做无用功。

热衷于写长文、讲长话的人，从一个侧面反映出其作风的虚和飘。文稿一长就显得虚，一虚就容易飘，脱离实际、脱离群众，没人愿听愿看。所作所为，只是自导自演、自我欣赏、自我陶醉。

简约是态度。毛泽东历来提倡文章要"短而精"，他在《反对党八股》一文中要求："我们应该研究一下文章怎样写得短些，写得精粹些。"他以"懒婆娘的裹脚，又长又臭"来讽刺那些长而空的文章。

领导的文章、讲话要"短而精"，蕴含的是端正的态度、认真的精神。做到"短而精"，必须时时储备、精心准备、精益求精。

美国第 28 任总统威尔逊是著名的演说家，他曾经回答了一个关于演讲的提问："准备一个十分钟的演说得花多少时间？"答："两个礼拜。""一小时的演说呢？"答："一个礼拜。""如果两小时的演说呢？"答："不用准备。"这个回答，可以说是对喜欢讲长话者的莫大讽刺。有的人本以为发表长篇大论是能够显示水平的，但往往适得其反。

在真正的文稿写作和演讲高手眼中，"短而精"才能体现撰文、讲话的真功夫，这一功夫正是一个人处事风格和敬业态度的体现。从这一意义上讲，养成简约的文风、话风，就要培养认真的态度、求精的习惯。兢兢业业的职业操守，就是在好习惯中塑造养成的。有了这种习惯，自然有助于能力和水平的提升。

### 第八问：文稿起草者能不能压力不这么大？

在工作中，我们确实感到政研工作的压力很大：文稿起草任务重、要求高，受表扬的愉悦是短暂的，而压抑的情绪却是持久的。文稿服务似乎就难有完美的时候，不管怎么努力，仍然难以写出让人满意的稿子。在文稿写作岗位上，长年无休，正常的作息基本上是奢望，但对工作要求的满足程度却还很难说是理想状态，这样压力就更大了。

辩证地看，对于人生而言，有适度的压力并不一定是坏事，有压力才有动力。

我们担心最多的是文稿写不好、领导不满意，这也是情理之中的事。这个工作本身给人的压迫感就强，加之文稿写作工作者自我要求一般都比较高，有比较强烈的事业心和责任感，这就更加放大了工作压力。这种状况于工作、于当事人自己而言，所带来的并不一定都是负面的影响。人有所畏，有利于成长、进步；无知者才无畏。明人方孝孺说："凡善怕者，必身有所正，言有所规，行有所限，偶有逾矩，亦不出大格。"

但我们不能把压力搞得太大了，影响身心健康。如果从工作中得不到乐趣，那是很痛苦的。人一生最重要的还是工作，如果工作不快乐，整个人生就失去了快乐。

不讲"工作是人生价值实现的平台"这样的大话套话，但工作确实是养家糊口的方式，如果工作不快乐，也会影响家人的快乐和幸福。

快乐工作太重要了，尤其是文稿写作工作。我一直认为，好心态有利于出好文稿。心态的"态"，拆开来就是"心大一点"。我理解的意思是心要放宽、格局要大。文稿写作工作容易把心态搞坏，因为挑刺的人多，评判标准也由别人掌握。

有时又苦又累，所写的文稿还被人指指点点、说三道四，要保持好心态实在不容易。文稿被人评说是很正常的事。很多时候，别人给出不好的评价也不一定就是要否定某一个文稿，只是出自不同立场的不同看法而已，大可不必过于较真。况且正确的批评意见，是能帮助完善文稿的，对帮助自己的人，要心存感激才对。这样考虑，就不会因此影响心情了。必须认识到，没有好心态，要写出好文稿是不容易的。没有好心态，工作就没有激情，就难以百分之百地投入，要出高质量的文稿就很难了。

最后我想说的是，文稿起草很大程度上是个人能力的体现。尽管也需要集团作战，但整个团队，仍然是靠少数骨干支撑起来的，团队中能力、水平最高者，往往决定着团队的能力和水平，决定着文稿的质量和水平。研究室的干部更要加强自我培养、自我提高。一个人认知水平越高，越能超越简单的愉悦，越会更多地去关注更加丰富、更有价值的人生目标。

肚子里有墨水，撰文时才能掏得出"干货"。个人品位提升了，就不太会去在意些小细微的得失。提能与修行，功夫要下在平时，日积月累，长期坚持，才能有所成。

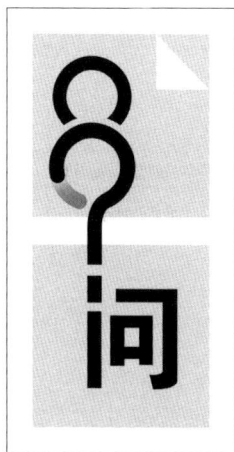

后 记

# 文稿之谋

书稿写到这里，本该收手了，但总觉得仍然有一些话没有说完。我在县、地市和省级党政机关从事文稿写作工作近三十年，写下的稿子难以计数。如果用一个字来描述这些文稿是如何得以问世的，我认为"谋"字最为合适。

这个"谋"，是谋略，体现的是文稿写手的智慧和才华；是谋划，体现的是文稿写手的视野和格局；是谋道，体现的是文稿写手群体的情怀和奉献精神。

文稿与其说是写出来的，不如说是"谋"出来的。所有的文稿，皆因"谋"而生、因"谋"而精、因"谋"而名。一个文稿写手，在"谋"文稿的过程中，思维、视野、格局，都会得到相应的训练，虽为一介书生，却能在恰当的岗位发挥出一些"指点江山、激扬文字"的作用。试想，成千上万的读书人中，能有几人可以获得这样的平台和机会？

心中若能容丘壑，下笔方能汇山河。文稿之谋，就是思维之谋、格局之谋、工作之谋。

　　文稿之谋，首要的乃思维之谋。思维决定行为，思维方式决定行为方式。对文稿写手来说，思维之变最为难得，也最为艰辛。不在领导之位，却要具备"领导思维"，这是文稿写手必须过好的第一关。真正决定人与人之间差距的，其实就是各自有差异的思维方式。文稿写作能力的差异，说到底还是思维上的差异造成的。

　　钱穆先生曾经说："做学问第一要有'智慧'，第二要有'功力'。"这同样适用于文稿写作工作。要成为文稿写作能手，"智慧"和"功力"都不可或缺，而二者的获得都与思维紧密关联。智慧并不是指智商，智商高不一定有智慧。智慧的获得，要靠正确的思维方式。功力也绝非指"蛮力"，功力的核心意旨在"功"，蛮力大，但用力方式不对，也不一定能有效做功。在文稿写手群体中，有的人很聪明，也很卖力，但并没有成长为高手，问题多出在思维上。有正确的思维，才有正确的行为。没有正确思维的引领，再高的智商也难以转化为智慧，再大的蛮力也不能升华为功力。

　　人的思维容易固化。思维模式一旦形成，就会主宰一个人的行为选择，长期的行为选择就会形成行为习惯，最终决定了这个人的能力上限。思维之谋，就是着力改变思维模式、转变思维方式、调整思维习惯，培养"领导思维"，从而更好地服务领导工作。一个文稿写手，既要具备辩证思维、宏观思维、历史思维，也要培养创造性思维、系统思维、微观思维和未来思维。思维跟上领导，才能服务好领导。

　　文稿之谋，表现为格局之谋。文为领导而作，谋为大局而设，没有大格局撑不起来。格高文自胜，为领导写稿，"不能桌子底下放风筝，起势太低"。起势低了，格局就大不了。格局不是讲场面，而是作为一个文稿写手应有的视野、胸怀、能力和精神风貌。

　　一个人的格局怎么样，就看他的站位，其中首要的是政治站位。文稿写作工作者站位要高，指的就是政治站位必须合格，在坚持"两个确立"、做到"两个维护"上坚定不移，这是文稿写作工作者的岗位职能所决定的。领导机关是政治机关，在政治机关做着服务领导的工作，更是特殊的政治工作，政治要求更严、政治标准更高，更应该把讲政治作为首位要求。

站位就是格局，是能通过一个个文稿具体体现出来的。政治站位是具体而实在的，不是空洞的口号，应全面而实际地反映在文稿中、贯穿在文稿中、落实在文稿中。每一项工作、每一篇文稿，都要从政治上去领会、去把握、去推进，时时刻刻、事事处处都要坚定政治方向、站稳政治立场、坚持政治原则、彰显政治引领。由于文稿写手所承担的工作，是领导工作的组成部分，写的是领导的话、发的是领导的声、行的是党委政府的文，政治要求是第一要求、政治标准是第一标准。如果政治站位上不去，就达不到合格的基准线。

一个人的大格局，很多时候反而体现为"低身段"。尤其对于文稿写手来讲，政治上站位高，并且服务的对象是"高官"，如果摆不正身份，定不准位，将会不利于格局的建构。在一个岗位上，准确定位身份，是为了更好地担负起应该承担的责任。既不能超越个人身份定位去履行职责，否则就是越位；也不能在定位明确的情况下知责不担，导致缺位、失位。政治站位越高，越要精准定位个人身份、放低个人身段。越是这样，形象反而会越好。机关的文稿写作工作者，基本上有多重身份。一是多数为共产党员。党员就要锤炼党性，涵养忠诚干净担当的政治品格。在一个政治机关工作，即使是非党员，也应该向党员标准看齐。二是基本身份是公务员。习近平总书记称自己是"人民的勤务员"，也要求党员干部当好"人民的勤务员"。公务员就是人民的公仆，一个称职的公仆，一定是人民的勤务员。首先心里面要装着人民，对群众的任何"小事"，都要高看一眼，当大事做、往实里做、尽全力做，直到群众满意为止。有了这种想法，才能在文稿中充分体现。三是领导的服务员。文稿写手不是一般的服务员，需要处理好"服务领导工作"与"服务领导个人"的关系，以"重要参谋、重要智囊、重要助手"的标准严格规范自己，树立强烈的主人翁意识，发挥职业专长，精心谋划一城一地的长远发展，为领导提供更高质量的决策服务，努力在新时代高质量发展中展现文稿写作工作者的价值。

一个人的格局，还体现在能够时常按需换位、轻盈转身。换位如换电视频道。合格的文稿写手，能够在多重身份中，如换频道般灵活换位。既要"关起门来当领导"，又要"开窗放入山河来"；既要"站在中南海的角度看问题"，又要"进到车间、下到地头找感觉"。需要以领导身份谋划工作时，能够站在全局角度思考问题，善于从政治的高度认识和判断形势，善于站在战略全局和时代前沿观察、思考问题，善于从纷繁复杂的表面现象中把握内在规律，善于从长远大势和当前形势出发提出处理复杂问题的办法。需要站在人民群众角度考虑工作时，就要以人民为师，深入群众开展调查研究，问需于民、问计于民、问政于民，坚持从群众中汲取智慧和力量。一个人的格局，从他脚上所沾的泥土就能感知得到。在底层扎得越深，所获就会越丰硕，形象就会越高大。

换位思考是服务领导，也是服务人民群众重要而有效的思想方法。一个有格局的人，一定是善于并勤于换位思考的人。做好换位思考，更有助于高站位、准定位，做到位、不越位。

人的格局都是被撑大的。文稿写作工作者甘居"人后"、隐于"纸堆"，不争功名、默默奉献，有时还得忍气吞声，但仍能保持"富贵于我如浮云"的平和心态，这就是大格局。

文稿之谋，实质是工作之谋。领导文稿，多是用来谋划部署工作的。

就文稿谋文稿，必然空对空，本末倒置；就工作谋文稿，文稿才显得实在，工作也能做到实打实。

写文稿就是写工作，要想写好文稿，功夫在文稿之外，就是要把心思花在"谋工作"上。工作用心有"谋"，写工作就不至于闭门造车、纸上谈兵。

文稿之谋表现为工作之"谋"，主要是谋规律、谋思路、谋创新、谋突破。谋规律，就是研究熟悉工作特点，洞悉工作规律。掌握运用工作规律，就能以科学的方法精准出招，把握工作的主动权。谋思路，就是分析形势、把握大势，顺势而为，因势而变，作出符合时代要求、符合地方实情、符合群众期盼的规划和思路，明确重点，让文稿既接"天线"，又沾"地气"。谋创新，就是加快形成以创新为主要引领和支撑的经济体系和发展模式。要创造性推进工作落实，不断开创工作新局面，走在时代前列。不创新就要落后，创新慢了也要落后。谋突破，就是坚持问题导向、目标导向和效果导向，聚焦工作中的难点、堵点，聚力攻坚，力求突破。发展进步都是在解决一个个具体问题中实现的，问题意识鲜明的文稿，一定是与实际工作高度融合的好文稿，更有指导性、针对性和实操性。

既然把工作上升到"谋"的层面来把握，那就不能只对工作做一般性的了解。如果对工作只是停留在一般性了解层面，甚至连熟悉都谈不上，就远远够不上"谋工作"的程度。如果对工作所"谋"达不到一定的深度、精度和力度，也就配不上遂行文稿写作的任务。因为我们所写的这个文稿是为领导所用的，这个工作绝非浅尝辄止者所能胜任。

文稿不是"写"出来的，而是"谋"出来的、研究出来的。"世事洞明皆学问，人情练达即文章。"鲁迅说过："文章得失不由天。"不能由天那就只应由人，这个人就是自己。文稿写手唯有时时保持一种研究状态，把谋文的重点转向谋问题、谋大事、谋工作，才能写出有情有意有滋味的好文稿。

当真正将写文稿演化成了"谋文稿"后，知识恐慌、能力恐慌、本领恐慌更会接踵而至。而且从事文稿写作工作时间越长，就越会感到自己水平不足、能力有限。这可能就是我离开"文稿界"的根本原因吧。

最后，向与我一起长期在"文稿界"共同奋斗的湖北省政府研究室的各位老同事，表示衷心的感谢！

（2022 年 8 月于武汉·江汉大学三角湖畔）